男性危機《メンズクライシス》？

国際社会の男性政策に学ぶ

伊藤公雄・多賀　太
大東貢生・大山治彦

晃洋書房

はしがき

「男性危機」

この言葉から読者のみなさんはどんな印象を受けるだろうか。

「確かに、今の男性の状況は危機的だ！」と膝を打つ人もいれば、逆に「これだけ女性差別がひどい社会で、男が危機だなんてとんでもない。自分たちが持っている男としての特権を手放さないための方便に過ぎない」と憤る人もいるにちがいない。

では、「男性危機《メンズクライシス》？」という本書のタイトルにはどのような意味が込められているのか。

最初に伝えておきたいのは、本書の筆者であるわれわれの立場は、やみくもに男の「危機」を煽り立てて、もはや女性よりも男性の方が差別されているなどと主張したり、女性や性的マイノリティの人々が受ける差別や困難を差し置いて男性の生きづらさだけを声高に叫んだりするような単純な「男性被害者論」に与するものではないということだ。しかし、だからといって、さまざまな事情を抱えた多様な男性たちを一括りにして、女性に対する特権層や差別者として一方的に断罪しようとしているわけでもない。

これから詳しく述べるように、本書では、男性たちが今ある種の「危機」に直面していることを事実として認めたうえで、そうした「危機」の状況とその背景を冷静にとらえ直し、海外の先進地の事例をふまえつつ、日本でジェンダー平等（女性の地位向上や安心・安全な生活の保障、多様な性の尊重）を促進しながら、同時に男性たちの「危機」を緩和していくための具体策を探っていく。

本書の特徴として次の3点を挙げることができるだろう。まず本書では、「あれかこれか」といった単純な議論を慎重に避け、現在の男性たちが置かれている複雑な状況を多角的にとらえようとしている。その際、女性解放運動や女性学の視点と、男性運動や男性学・男性性研究の成果の両方をふまえながら、さらには近年の多様な性に関わる議論も視野に入れている。2つ目の特徴は、国際社会と歴史に着目している点だ。「男性危機」への対応事例として、国連機関や国際NGO、欧州や東アジアのさまざまな地域での先進的な取り組みや、これまでの日本での民間団体や行政における取り組みの歴史についても広く紹介している。最後に、本書では特に政策的対応を重視している。とかく啓発による「意識改革」に終始しがちな日本の男性政策に対して、より実効性のある具体的な取り組みを提言している。

われわれ筆者は、これまで、研究者として男性学・男性性研究に従事すると同時に、男性問題に取り組む市民活動や男女共同参画に関する行政政策にも携わり、また海外のさまざまな地域で男性問題への対応に先進的に取り組む人々とも交流を図ってきた。本書は、そうした筆者らのこれまでの経験をふまえた、日本における「男性危機」に関する分析と、それへの対応策についての現時点での回答である。

多賀　太

男性危機《メンズクライシス》？——国際社会の男性政策に学ぶ　目次

第2章　危機に直面する男たち……………………………………25

第1章　「男性主導社会の終わり」を前に

1　メンズクライシス（男性危機）の時代

コロナ禍での男性リーダーたちの混乱ぶり

２０２０年、新型コロナによる感染者が世界的規模で広がった。この時、きわめて興味深い事態が出現した。それぞれの国々のトップリーダーのジェンダー（リーダーが男か女か）と感染者抑制の関係が国際的にニュースとして次々と報じられたのである。

たとえばニューヨークタイムズ２０２０年5月15日号は「Why Are Women-Led Nations Doing Better With Covid-19?」と題して、ニュージーランドのアーダーン首相、ドイツのメルケル首相、台湾の蔡英文総統、フィンランドのマリン首相など女性がトップの国が、明らかにコロナ対策において「成功」していることを伝えている。これにエストニアのカリユライド大統領、アイスランドのヤコブスドッティル首相を加えてもいいだろう。

ちなみに2020年5月末段階で、「もっともうまくコロナ対応をしている国のベストテン」(ジョンズ・ホプキンス大学発表)の中に、ニュージーランド、フィンランド、ノルウェー、デンマーク、台湾の女性を政治リーダーとする5カ国・地域が含まれていた。国連加盟国のなかで女性がトップの国は残念ながら約7%でしかないといわれる。となると、これは単なる偶然とはいえないだろう。女性リーダーの方がコロナ対応に成功しているのだ。

他方で感染者数も死者数も世界でトップクラスのアメリカ合衆国とブラジルのトランプ大統領(当時)とボアソナロ大統領は、当初は「俺はマスクなんかしない」(コロナなんか怖くない!)とばかりのマッチョぶりを示していた(結果二人ともコロナに感染したのはご存知のとおりである)。

女性のトップと男性トップのどこが違うのか。いろいろな説がある。コミュニケーション力の差とか、女性の方が決断力があるという説、さらにソーシャル・メディアの活用に長けていたからだという議論など「なるほど」と思わせる。ただおそらく男性リーダーたちに欠けていて女性リーダーたちがまさっていたのは、「生活」への目線とケアの精神だったのではないだろうか(ケアと男性性は、実は本書のキー概念でもある)。ここでいう「ケアの精神」とは、他者(自己)の生命や身体、思いへの配慮の力のことだ。多くの男性は、このケアの精神がうまく身についていないのではないか(伊藤 2020)。

いずれにしても、今回のコロナ問題が見せてくれたのは、経済至上主義で人間の生命にたいする配慮の弱い男性たちの混乱ぶりと、ケアの精神を身に付けた女性リーダーたちの持つ力の発揮という今後の世界を占うようなシーンだったように思う。

付け加えれば、こうした男性リーダーたちの混乱ぶりから見えるのは、どうも本書がテーマとする「男性主導社会の終わり」を予見させるもののように思われる。

理由不明の「凶悪事件」

ここ数十年ほどの間に理由のよくわからない「凶悪事件」が世界中で続発していることにお気づきだろうか。１９８９年のカナダ・モントリオールの「フェミニスト皆殺し事件」、アメリカ合衆国のコロンバイン校での事件（１９９９年）、ノルウェーで起こった爆弾と銃撃による死者合計77人におよぶ大量殺人事件（２０１１年）、ラスベガス銃乱射事件（２０１７年）など、記憶に残る事件も多い。日本でも、秋葉原通り魔事件（２００８年）をはじめとして、相模原の津久井やまゆり園の事件（２０１６年）、東海道新幹線車内殺傷事件（２０１８年）、川崎登戸通り魔事件（２０１９年）など、いくつもの「事件」が思い出される。

これらすべてが、男性による事件だ。日本でも、最近ニュースになっている「凶悪事件」の加害者をみていると、10代から60代の「無職男性」（もちろん有職のケースもあるが、多くはない）というケースがしばしば見られる。

アメリカ合衆国では、こうした男性たちによる理由が不明の「凶悪事件」について、ある言葉が与えられている。「Toxic Masculinity」（自他に有害な男性性へのこだわり）という用語だ（コラム１参照）。

背景には、歪んだ「強さ」や「たくましさ」を求める男性たちの思い込みがあると分析されている。

ニューヨークタイムズの「トクシック・マスキュリニティとは何か」（2019年1月22日付）によれば、この「伝統的男性性イデオロギー」には、以下のような3つの行為や信念が控えているという。つまり「感情の抑圧あるいは苦悩の隠蔽」「表面的なたくましさの維持」「力の指標としての暴力（いわゆる〝ダフガイ〟行為）」である。さまざまな感情を抑圧し、たくましさを自他に証明し続けなければならないと思い込んでいる男性たちが、さまざまなストレスや不安定な状況に陥った時、抑制してきた感情を爆発させ、「自分には力があるのだ（俺は弱い人間ではない）」と示すために、過剰な暴力行為に走るプロセスは、ここで述べてきた「理由がよくわからない」といわれる男性たちの「凶悪事件」の背後に垣間見えるように思うのだ。

メンズクライシス

こうした自他に有害な男性性の顕在化の背景にあるものは、現代社会における男性性の揺らぎの問題があると思う。本書ではそれを「メンズクライシス」と呼ぼうと思う。

本書は、現在、世界中で広がりつつあるこのメンズクライシス（＝男性危機ないし男性性の危機）の現状をさぐるとともに、この状況にいかに対応すべきかをテーマとして取り上げようとしている。

私たちが「男性」と呼んでいる存在についても、ちょっと整理しておいた方がいいかもしれない。というのも性差や性別をめぐって、多様性が大きな問題になっているからだ。いわゆるＳＯＧＩ

(Sexual Orientation and Gender Identity＝性的指向と性自認・性同一性の認識）概念の登場やＬＧＢＴＱといった言葉が示すように、今や、単純な「男性」を設定することすらむずかしくなっている。

本書で扱う「男性」とは、基本的に「出生時」に「男性」として性別を決定され、また性自認においても「自分は男性だ」と考えている人を対象にしようと思う。いわゆるシスジェンダー（生まれた時にわりあてられた性別と性自認が一致し、それに従って生きる人）において「男性」の人たちが、ここでいう「男性」ということになる。

こうした「男性」の間で生じつつある「メンズクライシス」を簡単に意味付ければ、近代産業革命成立以後、世界中で拡大した「男は仕事、女は家庭」型の性別分業の社会（男性主導社会）の仕組みの大きな転換（ジェンダー平等へと向かう世界の動き）を前にした、「男性の不安定化」＝「旧来の男性性（男性の意識や生活スタイル全般）の危機」ということになるだろう。定義めいた言い方をすれば「（近代社会の産物としての）男性主導社会の揺らぎのなかで20世紀後半以後生じている、男性の経済的・文化的・社会的・心理的な不安定性がもたらす男性性の危機」とでもいえるだろうと思う。

ここでいうメンズクライシスは、何も偶然に生まれたわけではない。その背景には、おおげさに言えば「文明史」的な変化が控えていると思う。２００年以上続いてきた近代産業社会＝「男性主導社会」が、今、根本的に揺らごうとしているのだ。メンズクライシスは、まさに、こうした男性主導の社会の仕組みの終焉という歴史の大きな転換の中で生じたことなのだ（伊藤 2018a）。

そのことに、特に男性たちはきちんと目を向けるべきだと思う。現実の歴史と社会の展開を冷静に直視し、社会の転換を図る必要があるのだ。それに失敗すれば、社会はますます不安定になり、男性たちが（もちろん男性以上に女性たちも）生きづらい時代は、さらに続くことになるだろうと思うからだ。

2　ジェンダーの歴史を振り返る

歴史のなかの男女の役割

歴史を振り返ってみれば、18世紀から20世紀後半までの時代は、世界中が性別分業に基づく男性主導社会だった。もちろん、前近代社会においても、ほとんどの文化において男女の役割分担が存在していたし、多くの社会が男性優位だったのは明らかなようだ。ただ、「アダムが耕しイブが紡いだ時、誰が貴族（領主）だっただろう」というジョン・ボダンの言葉が示すように、そこには必ずしも「性差別」は自覚されていなかっただろうとも思う（1970年前後のフェミニズムを経た現代からみれば性別分業を肯定しているように見えるだろうと思うが）。

ちょっと産業革命以前の社会を想像してほしい。多くの社会は農業を中心とする社会だった。そこでは、男女の役割分業はあるにしても、生産から消費、教育から医療まで男女で支えあっていた生活だったはずだ。

よく「原始社会も男が狩猟でタンパク質を確保し、女や子どもたちはそれで生活していた」というようなことを言う人がいる。おそらくは、食糧自給率の低い原始社会＝狩猟社会でも「男は仕事、女は家庭」というような性別分業があった、という発想なのだろう。「男性（だけ）の狩猟によって食料自給率のどれくらいが確保できたか」を考察した人類学の研究がいくつかある。それらによれば、男性が狩猟で確保できる食料は共同体を維持するための2割から3割ということだ。では、残りの7割から8割は誰が支えていたのか。女性や子どもたちによる食物の採集や栽培の活動が支えていたと考えるのが当然だろう。女性の労働がなければ、原始社会の人々は生きていけなかったということだ（最近は、女性の狩猟文化の存在も確かめられつつあるが）。

ワンセックスモデルからツーセックスモデルへ

とはいえ、社会や文化に応じて、男女の役割は多様だったことも事実だろう。たとえば、キリスト教やイスラムなどの一神教の文化では、長い間、「アダム＝男性は神に似せられて作られた存在」であり、女性は「人間にまで成熟しきれていない未熟な存在」として認識され続けてきた。

ヨーロッパにおける性の歴史を考察したトマス・ラカー（ラカー『セックスの発明』工作社、1998年）によれば、アリストテレス以後、西欧社会では、人間の性は基本的に「ひとつ」（ワンセックス）と考えられていたのだという。もちろん、男女の区別はあったが、キリスト教の教えでは、「アダムは創造主が自分に似せて作った」（つまり、神は男だった）、また、イブはアダムの肋骨から生まれたとされてきた。つまり、女性は男性の一部から生まれた「不完全な人間（男性という完全な人間になりきれなかった存在）」と考えられていたという。

この「ワンセックスモデル」（つまり、人間＝男性、女性は不完全な人間）という視座が、オスとメスは大きく異なる別々の性であるという「ツーセックスモデル」へと転換したのは近代社会に入る前後の時期だったという。

実際、近代社会になると男性（オス）と女性（メス）の生物学的性差にヨーロッパ社会は敏感になっていく。それまで「自然」なかたちで認識されていた男女の役割観から、社会生活も含めて男女のはっきりした「区別」が、意識の俎上に載ってくるのだ。

たとえば、ラセットは、近代的な自然人類学や生物学の発展の中で、人体イメージにおいて女性の骨格は骨盤が過剰に強調され、「多産」であることが象徴的に示されるようになった経過など、男女の生物学的な性差の強調が近代の登場とともにはっきりと区分されるようになったプロセスを、科学史の観点から明らかにしている（シンシア・E・ラセット『女性を捏造した男たち』上野直子訳、工作社、１９９4年）。むしろ近代社会が、生物学的性差の「格差」を拡大、誇張したということだ。

日本の伝統文化のなかのジェンダー

こうしたキリスト教やイスラムの男性を神とする一神教の文化と比べて、自然崇拝とアニミズムの日本型多神教の世界は、女性と男性は比較的対等（というか対の存在）として描かれてきた。たとえば八百万といわれる日本の神々のなかで「最高神」は、天照大神＝女性ということになっている。持統天皇の時代に作られた『古事記』や『日本書紀』が、女性である天皇を天照になぞらえたのだという説もあるが、女性が最高神の文化というのは、実はけっこう珍しいはずだ。同じ頃作られた『万葉集』には、天皇家や貴族の歌が多くおさめられているが、防人の歌など一般人の歌も含まれている。なかには、庶民の女性の歌もけっこう目に付く。7世紀から8世紀に一般女性たちが書いた「詩」が現在もなお広く詠まれている文化は、たぶん世界中見渡してもほとんどないと思う。

今から1000年前の平安時代には、紫式部や清少納言、和泉式部などたくさんの女性作家が日本では活躍していた。1000年前西洋で、今なお名前の残っている女性作家の名前を、あなたは挙げることができるだろうか。

戦国時代に日本にやってきた宣教師ルイス・フロイスによれば、当時のヨーロッパと日本を比べると、日本の女性は財産を所有していたり、自分から離婚を宣言したり、夫の許可なく外出できる、さらに読み書きもできるなど社会活動が積極的に行われていたという（伊藤 1996）。逆にいえば、ヨーロッパの女性は財産権もなく、離婚も言い出せず、外出には夫の許可がいり、読み書きのできる女性はごくわずかだったということだ。実際、法律上の家父長制が多くのヨーロッパ諸国で1970年代から80年代まで残っていた（伊藤 2019）。

フロイスによれば「わがヨーロッパでは料理は女の仕事だが、日本では男が料理をする」とも書いている（ルイス・フロイス『ヨーロッパ文化と日本文化』岩波文庫、1991年）。実際、絵巻物などを見ると上流階級と思われる男性が料理をしている姿なども描かれている（専門的な料理人だという解釈もあるようだが、江戸中期まで竈門《かまど》の前には男が描かれることがほとんどだったという研究もある）。

また、幕末に日本にやってきた欧米人がびっくりしたことの1つに「日本では男性が積極的に育児をしている」姿だったのもよく知られた話だ。

もちろん、日本文化が「男女平等」であったわけではない。さまざまな領域、特に政治や軍事領域においては、圧倒的に男性優位社会であり続けたのは事実だ。しかし、長い歴史の中で、宗教的にも文化的にもさらに生活の分野でも「女性の社会的な参画」を抑制してきた西欧文化とは異なる男性優位の仕組みだったこともきちんとおさえておきたいとは思う（多くの西欧キリスト教社会における「女性を保護・管理する家父長制」と、東アジアの「権威主義的家父長制」の違いなども、じっくり考察する必要があると思う）。

イリイチのジェンダー論再考

日本ではフェミニストから批判の多いイヴァン・イリイチだが、彼のジェンダーの概念は、こうした比較文化的・歴史的なジェンダー観の相似と差異という観点からもう一度見直されてもいいのではないか、とずっと思ってきた（イリイチ 1982=1984）。

イリイチは、近代産業社会の登場が、それまで各地域地域でそれなりに独自の社会関係を築いていた男女の関係を大きく変化させたと指摘した。彼は、前近代社会において、地域や文化によって多様だった男女の役割（彼は、こうした地域や歴史による多様性があった男女の役割分担と相互の依存関係をヴァナキュラーなジェンダーと呼んだ。このジェンダーの考え方は、今よく使われているジェンダーという言葉とは、ちょっと違う用いかたがされていることに注意をしてほしい）が、近代産業社会の成立によって「オス・メス」の単純な性差に基づいた均質的な性別分業（彼は、それを「経済セックス」と呼んだ）へと道を開いた、というのがイリイチの見立てだったと思う。この視座は、さきほど触れたラカーやラセットらの指摘（近代社会になると、男女・オスメスの生物学的性差への区分がより強化される）と重なるものだろうと思う。

この仕組みは、男性の立場をそれまで以上に強化した。生産労働にかかわる男性は、「社会的」な存在であり、何よりも賃金を得ることのできる労働力になった。他方で、女性たちは、実際の労働時間は男性よりも長時間の家事や育児をはじめ生活の基盤を支える労働の担い手になったのにもかかわらず、ほとんどの労働は無償労働（アンペイドワーク）だった。近代工業社会＝産業化の流れが世界中、ほぼ同じような形態で拡大していった労働の領域における男女の徹底した「分離」（イリイチのいう経済セックス）は、近代社会における性に基づく「格差」を引き起こしたのである。

近代産業社会の登場が、それまで地域的・歴史的多様性を持っていた男女の役割を画一化していったというイリイチの見立ては、けっこう当たっているのではないかと思う。ただし、彼の問題は、産業化によって生まれた男女の役割（男が産業労働者となり女性がそれを支えるシャドウ・ワーク＝影の労働を担う）の批判から、再度、ヴァナキュラーなジェンダーの回復を目指すような方向性がうかがえることだ。ここが、多くのフェミニストから批判された点だ。すでに崩壊したヴァナキュラーなジェンダーへの回帰は無理だと僕も思う。問題は、男女の問題を「未来」へ向かってジェンダー平等へと転換していくべきだと思っているからだ。

3　変容するジェンダー概念

ジェンダー概念の登場

ここであらためて、ジェンダーについて考えてみよう。そもそも「ジェンダー」は、もともと言語学分野の用語だった。たとえばヨーロッパの言語には今でも「女性名詞」「男性名詞」「中性名詞」などがある。言語におけるこうした「性別」表現が「ジェンダー」という視点で分析されてきたのだ。もともとは文法用語だったジェンダーが、生物学的性差（ジェンダーに対してセックスと呼ばれる）とは異なる、社会的・文化的に作られた性別（社会的構築物としてのジェンダー）として使われるようになる。

この「社会的構築物」としてのジェンダーという視座は、1960年代後半以後拡大した第二波フェミニズムの運動と結びついて1970年代になると急速に拡大していった。フェミニズムの第一波が、市民権としての男女平等（参政権、財産権、教育を受ける権利など）や女性の労働参画などを軸に広がったのに対して、この第二波のフェミニズムは、日常生活も含む私たちのものの見方、考え方、振る舞い方の中に潜む性差別＝男性優位の仕組み（「家父長制　patriarchy system」と呼ばれた。日本語の家父長制という語感と比べてもっと広い意味を持っていることには注意したい）を告発し、その撤廃を主張した点で新しい動きを伴っていた。この時期に拡大した新しい女性解放運動にとって、男性や女性の意識や振る舞いが社会によって作り出されたものであるというジェンダーの視点はきわめて有効な武器になった。

「家庭から職場に至る男性優位の仕組みが社会的に構築されたものであるということなら、それは根本的に転換できる。なぜなら、ジェンダーは、自然の産物ではなく、人間が生み出したものだからだ」というわけだ。

ジェンダー概念は、それまでの男性主導のものの見方の転換を生んだといっていいだろう。つまり、人間＝男性という視座から語られてきたさまざまな問題を、男性・女性（特に、これまで「ないもの」とされてきた女性）という観点から改めて見直すことが要求されたのだ。

実際、こうしたジェンダー概念の登場は、それまでの学問分野を大きく刷新することに成功した。当初は、社会学、文学などからその影響は広がり、歴史学、美学、さらに哲学や科学史などでもジェンダー視点からの学問の読み替えがなされていった。やがて、この流れは、政治学、国際関係論などにも広がっていく。

たとえば、社会科学における労働統計などにおいて、「労働者」はしばしば暗黙のうちに「男性労働者」を前提にしていた。女性が労働の場に登場するときには「女性労働者」という形で「有徴化」され特別な対象として扱われてきたのだ。ジェンダーという視点の登場により、これを男性・女性という2つの視座から分析することで、それぞれのジェンダーが抱えている問題の所在をより明確にすることができるようになったのである。その結果、近代現代社会における女性への差別・排除の構図が明らかにされたのである（ジェンダー統計の必要性はここにある）。

ジェンダーがセックスを規定する

やがてジェンダー概念は、さまざまな形で洗練されて議論されるようになる。たとえば歴史学者のジョーン・スコットは、ジェンダーを次のように位置付ける。「ジェンダーとは、肉体的差異に意味を付与する知なのである。これらの意味は、文化や社会集団や時代によってさまざまに異なっている。それは、女の生殖器官を含めて肉体にまつわるいかなるものも、社会的分業をどのように形づくるかについて、唯一絶対の決定を下したりはしていないからである」(Scott 1988=2004: 24) と (ただし、スコットは近年、ジェンダー概念がさまざまな混乱を生み出しつつあるということで、この用語の使用は控えているようだ)。

身体的性差を意味付ける知としてのジェンダーという観点は、よりラディカルな議論をと結びついていく。もっともラディカルにジェンダー概念を定義したのは、哲学者のジュディス・バトラーだろう。彼女によれば「セックスと呼ばれるこの構築物こそ、ジェンダーと同様に、社会的に構築されたものである。実際、おそらくセックスは、つねにジェンダーなのだ」(Butler 1990=2000: 29)。

このバトラーの議論は、ジェンダー視点に典型的な分類という行為そのものが人為的なものであるなら、生物学的性差もまた、人間が構築したものなのだ、と読める。その意味で、ラディカルではあるが、理論的な説明としては一貫性がある。また、バトラーは、ここから今でいうＬＧＢＴＱをめぐる性の多様性への議論を広げていることも忘れてはならない。しかし、自然科学分野からは、やはりこの議論には反論がなされることになる。代表例は、性科学で知られるミルトン・ダイヤモンドらの批判だ。セックス＝生物学的身体というものをなきものにするわけにはいかない（そもそも自然科学は、分析的なものとしてではあれ分類し枠づけることなしには展開できない）だろうというのが、批判のポイントである。

生物学的性差（セックス）とジェンダー

すでに述べたように、ジェンダー論は、諸学問分野において大きな革新を生み出したのは事実だ。他方で、男女の差別や排除の構図を、「社会的に構築されたもの」という視座を強調することで、人文・社会系のジェンダー論のなかには、生物学的性差（身体的・生理的な男女の平均的相違）への十分な配慮を怠る面があったのも事実だろう。バトラーほどラディカルでないにしろ、人文・社会系のジェンダー論は、しばしば性別の社会環境による決定論的な傾向を持っていたのである（いわゆるNature vs Nurture論争、つまり生物学的決定論か社会環境決定論かという議論において、後者の傾向が強かったということだ）。

その一方で、ジェンダーという言葉の広がりは、その使用法という点で新たな局面を迎えていた。生物学的性差（セックス）と社会的に構築された性別としてのジェンダーの使用が入り混じるようになったのだ。簡単にいえば、セックスとジェンダーを合わせた言葉としてのジェンダー概念の登場である。

こうしたジェンダーという語の使用法は、まずは日常語のなかで広がり、やがて一部の学問分野では、ジェンダーという用語で生物学的性差をも内包するような傾向さえ登場したのだ。もっともわかりやすい例は、医学や健康科学などで展開された性差医療（gender-based medicine）だろう。ここで使用されているジェンダーは、生物学的・生理的性差と社会的・文化的な性別の双方にセンシティーヴに（つまり敏感に）対応する医学という意味を含んでいた。一般的に男性と女性ではかかりやすい病気の種類において生物学的な性差を考える必要がある。同時に、ジェンダーとかかわる社会的要因（男性の方が女性に比べて自殺死亡率が高いことは、生物学的要因だけでは分析できないだろう）もまた、病気や健康と深くかかわっている。さらに、女性患者に対しては、異性である男性医師よりも、女性の病気に詳しい女性医師が対応した方が、コミュニケーションも含めてスムーズに治療が進むということも言われるようになった。

その意味で、本書の目的でもあるジェンダー平等社会の実現のためには、ジェンダーに敏感な視点とともに、生物学的な領域（その多様性を含めて）への視座が必要だということも、ここで強調しておこう（伊藤 2018b）。

ジェンダー平等の視点

ジェンダー平等や男女平等という言葉も誤解が多い用語だ。日本語の「平等」という言葉の持つニュアンスもあって「男女平等」というと、「生物学的性差を無視して機械的に男女を同じに扱うことが平等である」という議論がしばしばある。いわゆるジェンダー・フリーをめぐる議論のとき、これに反対する人々は「男女同室で健康診断を行うことや、着替えをすることがジェンダー・フリーの名の下に進められている」といったキャンペーンさえ行っていた。これは、ジェンダー・バイアスの撤廃を求めるジェンダー・フリーではなく、セクシュアル・ハラスメントだろう。

１９７９年に国連で採択された女性（日本政府の訳語では女子）差別撤廃条約をよく読めば、「女性の（妊娠・出産にかかわる）生理的機能に対する十分な配慮と、それを口実にした女性への差別や排除の撤廃」がきちんと書き込まれている。また、いわゆるリプロダクティブ・ヘルス／ライツ（性と生殖における健康／権利）の議論もよく知られている。実際、アメリカ合衆国の国立科学アカデミー「セックス差とジェンダー差の生物学を理解するための委員会」は、１９９９年段階で、「先入観にとらわれない形で、脳研究や疾病における男女差の研究を徹底的に進める必要性」について提言を行うとともに、こうした研究は「固定済みの性差をもとに、差別が行われることの危険性を減少させるべきである」と明言しているのである。

ジェンダー平等の問題は、機械的に男女を「同じ」に扱えば済むような単純な問題ではない。そもそも、生物学的に生命体をオス・メスの二分類に分けることはむずかしい（性染色体レベルでも、ＸＸ、ＸＹの二種類ではなく、ＸＯ、ＸＸＸ、ＸＸＹなど多様性があるし、インターセックス＝性分化疾患の人もいる）。また、身体的な性とジェンダー・アイデンティティが異なる性的違和の人々もいる。性関係においても異性愛、同性愛、両性愛と多様性があるし、Ｘジェンダー（男でも女でもないジェンダー意識）の人やアセクシュアル（性的な関心や恋愛感情を持たない人）など、単純な二分法では対応できない多様な問題がここにはある。

さらに社会環境や文化の違いなど、ジェンダー平等の達成のためには、さまざまな配慮すべき課題が存在している。たとえば日本の「女性専用車両」をジェンダー平等という視点でどうとらえるか。単純な機械的平等論に立てば、「性別によって分けるのはおかしい」とか、さらには「男性差別だ」という意見も出てくるだろう。しかし、日本の大都市圏では通勤ラッシュがあり、そこで痴漢が起こりやすい状況があるなら、女性のみの車両で対応するというのは、ジェンダー平等という点で「現実的な（可能な限り一時的なものであってほしいが）対応」ということになるだろう（ラッシュや痴漢がそもそも問題なのだから、それがなくなれば女性専用車両は不要になるはずだ）。

現代社会においては、SOGI問題も含めて、「男ならこうすべき」「女ならこうすべき」といったジェンダーによる枠から、一人一人の多様性（個人もまた、時間の経過のなかで性のあり方も含めて変化することさえある）を、多様性として受け止められる社会が問われているのだ。そこでは当然、性別による差別や排除は可能な限り撤廃される必要がある。

まとめていえば、ジェンダー平等を達成するには、近代社会において固定化された男女という二項図式から、個々の多様性へと社会を開いていくことが必要なのだ。つまり、ジェンダー平等とは、「人間の多様な性・身体・生き方を男女という2種類に固定化することで生じる差別や社会的排除を撤廃すること」と定義できるのだと思う（ジェンダー平等については、コラム2参照）。ただし、すでに述べたように、ジェンダー平等への対応は単純なものではない。さまざまな側面での配慮やきめ細かい対応のなかで、進めていくべきことは何度繰り返してもいいだろうと思う。

4　男たちからのジェンダー平等への動きを作り出すために

最後に、この本で、私たちが望んでいるのは、以上のようなジェンダー平等社会の実現であるということもはっきりさせておこう。本書の目的は、ジェンダー平等へと向かう世界の中で（戸惑い、時には反発している）男性たちを対象にしたジェンダー平等政策（それは、あらゆる人に対する性にかかわる差別撤廃につながることだと思う）をいかに構築するかという点にある。

なぜ、ここで本書の目的を男性対象のジェンダー平等政策と明確に設定したのかといえば、男性を対象にした男性の研究（男性学・男性性研究）をめぐる誤解があるように思われるからだ。一部で「男性学・男性性研究（男性学）は、「男もつらいよ」だけを主張し、「男性の被害者性のみを強調している」かのような議論がみられるのである。ここではっきりさせておきたいのは、少なくとも、本書の執筆メンバーは、こうした単純な「男性被害者論」には立たないということだ。

実際、「男性学・男性性研究」をめぐって、誹謗中傷といってもいいような言説があちこちで語られてきた。ただし、「とりあえず放置しておけばいい（「実際にやっていることをみてもらえればいずれ誤解はとける」）」と思って、これまでは対応してきた。しかし、現在散見される「男性学（・男性性研究）は、ほとんどみな男性被害者論に立っている」かのような議論は、せっかく男性の間でも広がりを見せ始めた「男性の側からのジェンダー平等を目指す動き」をストップさせかねないと危惧している。再度、繰り返しておくが、男性学・男性性研究の多くは単純な「男性被害者論」には与しない。むしろ、ジェンダー平等に資するために男性性というジェンダーに目を向けてきたのだということは、ここではっきり宣言しておこう（これまで私たちが書いてきたものをきちんと読んでいただければ、こうした誤解は生まれるはずもない、と思うのだが）。

当然のことながら、近代のジェンダー化された社会における男女の非対称性（つまり、男性主導社会のなかでの女性差別の存在）については、つねに意識すべきだと思う。社会でいまだマジョリティである男性たちの（性差別における）「加害者性」に目を向けることは重要だ。しかし、「加害者性」のみに焦点を絞り、そうした男性を糾弾するだけで、ジェンダー平等社会は実現できるのだろうか。そうした問題意識が本書の執筆メンバーにはある。

差別問題における糾弾の意味を否定するわけではない。差別糾弾が「気づき」につながり、その人を変えることもあるからだ。しかし、厳しい批判だけで、批判された側はつねに態度を変えることになるだろうか。多くの場合、差別糾弾に対して批判された側は、強く反発するか、逆にこびへつらうか（大抵の場合、心からの変化が生じることは少ないように思う）、面従腹背の対応をとるか、沈黙するといったことになりがちだ。

差別糾弾は、確かに「気づき」につながる。その意味で重要だと思う。しかし、気づきから、本格的な「態度変容」に至るには、差別に敏感な人間へとその人を変えていくようなモメントが大切なのではないか。差別する側、マジョリティの側にいる（と無自覚に思い込んでいる）人々を変える作業は、多くの場合、糾弾や批判だけでは十分に達成されることはない（このことは、20世紀後半に本格的に開始されたあらゆる人の人権の擁護の動きがあったにもかかわらず、性差別や人種差別・排外主義的な動きが、いまだに世界中のあちこちで広がっていることが示しているだろう）。

残念ながら「男性の被害者性」にのみ目を向けたがる男性も存在しているのは事実だ。また、すでに触れたように、メンズクライシスの状況の中で、トクシック・マスキュリニティ（男性性への過剰かつ病的なこだわり）のような事態も生じつつある。

世界中がいまだに男性主導社会が続いている。この状況はジェンダー平等社会へ向かって変えなければならない。他方で、社会の変化の中で、不安定化し（つまりメンズクライシスに陥り）、近代社会が生み出した「自他に有害な男性性への病的こだわり＝トクシック・マスキュリニティに縛られたまま変わりきれない男性も増加する可能性もある。こうした男性たちの状況は、DVや性暴力の背景になるケースも少なからず存在している。だからこそ、単なる「男性被害者論」を超えて、今や死滅しつつある古い男性性を「安楽死」させなければならないのだ。

以上のような私たちの立場を理解していただいた上で、本書が、ジェンダー平等を目指す、多くの人々に読んでもらえることを心よりお願いしたいと思う。

❖コラム1　トクシック・マスキュリニティ

第1章でも触れたが、ここ数十年ほどの間に理由のよくわからない「凶悪事件」が世界中で続発している。特に、アメリカ合衆国では月に平均2件ほど、無差別殺傷事件が起こっているともいわれる。これらのほとんどが、男性による事件だ。

日本でも、秋葉原事件以後、さまざまな無差別殺傷事件が起こっている。日本の場合、加害者の年齢も10代から60代と幅広い。また、多くの男性加害者たちが職を失っていたり、「自分の場」が見出せない「出口なし」の状況に置かれたりしているように見える。2021年には、小田急線で女性を狙った殺人未遂事件が発生した。「幸せそうな女性が憎い」という典型的な「フェミサイド」（その人個人への恨みなどを原因とせず、女性という性別に基づいて行われる殺人行為）と言えるだろう。

2010年頃から、アメリカ合衆国では、こうした男性たちによる理由が不明の「凶悪事件」などについて「トクシック・マスキュリニティ」という用語で表現されることが多い。

日本ではこの言葉は、しばしば「有害な男性性」や「有害な男らしさ」と訳されている。ただ、これは、ちょっと誤解を招く表現のように思う。「男らしさ」そのものが「有害」と決め付けているように見える点も気になるが、それ以上に、この言葉のもつ意味がどうも混乱して使われているようにみえるからだ。

調べてみると、このトクシック・マスキュリニティという用語は、1980年代、アメリカ合衆国で広がった1つの男性運動のなかから生まれた言葉のようだ。いわゆるミソ・ポエティック運動だ。ロバート・ブライという1960年代後半のベトナム反戦運動でもよく知られた詩人が始めた運動だ。彼は、当時のアメリカの男性たちが、何か自分に自信がなく、不安定な状況に陥っていることを発見した。ブライによれば、その背景には、かつて存在した、男の子が「一人前の男」になるための通過儀礼（日本なら元服式を思い出したらいいだろう）がなくなったことがその理由だと考えた。また同時に、（男は仕事の社会のなかで）家庭に父親が不在がちで、男の子にとって身近な男性である父親との交流がないことも大きな課題だととらえた。そこで、彼は、男性同士のキャンプ活動の実施や、父親との深い対話を通じて、男性が「男」としての自分を取り戻し、自信をもって生きられるようにしようとこの運動を展開したのだ（個人的には、全面的には賛成しかねるが、ブライ自身は「自分たちはフェミニズムに反対しない」ことは明言している）。

彼の理論の基礎には、実はユンクの「アニムス／アニマ」論（人間性に内在する深層の男性性・女性性のことだ。必ずしも、生物学的性差とぴったり重なるわけではない）があった。ここから、ブライたちは、男性が生き生きと自分を取り戻すために深層の男性性（Deep Masculinity）の回復が必要だと提案したのだ。「男性性の悪い部分＝トクシック・マスキュリニティ」を抑制し、「よき男性性（深層の男性性）」を回復させることで、男性たちに自分自身を取り戻させようというこの運動の中で、このトクシック・マスキュリニティという言葉が登場した。

冒頭で触れたように、しばらく社会の表面から消えていたこの言葉が２０１０年前後に「復活」した。背景には、すでに述べたような男性の理由のわからない凶悪事件（特に無差別殺傷事件など）や性暴力の頻発などがあったといわれる。

ただ、日本語にこの言葉を翻訳するとき「有害な男らしさ」（第1章でもそれぞれ異なる言葉で説明を加えている）とまとめてしまうのは、冒頭でも述べたように、ちょっと気になるところだ。もう少し説明がないと、この言葉のもつ意味がうまく伝わらないように思うからだ。ちょっと長くなるが「自他を害する過剰な男らしさへの執着」くらいの訳語の方がしっくりする気がすると思う。何よりも、このトクシック・

マスキュリニティは他者に有害なだけでなく、自分にも向けられている（「男である」という呪縛により、自分でストレスを抱えこんでしまうことも、この「自他に有害な男らしさへの強い執着」に原因があるからだ）。また、日本語表現として「男らしさそのものが有害」と誤読されないような工夫も必要だろうとも思う。これまでの社会で形成されてきた過剰な「男らしさ」への歪んだこだわりこそが、この言葉で表現されていると考えるからでもある。

ただし、こうしたトクシック・マスキュリニティが、ユング派の人々のアニムス／アニマ論に見られるように、「人間に本来備わっているもの」と超歴史的にとらえてしまうのも問題ではないかと思う。というのも、あきらかに現代社会のトクシック・マスキュリニティ現象の背後には、ジェンダー平等へと向かう文明史的転換＝歴史的変化があるからだ。この変化に対応しきれず、古い男性性に執着する男性たちが、ほとんど無自覚なまま背負い込んでいる危機状態（メンズクライシス）ないし「剥奪（感）の男性化」（大きな変化に対応しきれず「何か奪われているのではないか」という不安感の男性たちへの広がり）があると考えるからだ。

男性の側からの暴力の抑止を目指すホワイトリボンキャンペーン（本書第3章参照）にとって、この「メンズクライシス」や「剥奪（感）の男性化」さらには、そこから生じている「トクシック・マスキュリニティ＝自他を害する過剰な男らしさへの執着」への対応は、今後とも重要な課題になることは間違いのないところだろう。

第2章　危機に直面する男たち

1　メンズクライシス（男性危機）とは？

男性問題の時代が来る

本書が対象としている男性対象のジェンダー平等政策ということで興味深い体験がある。第4章でも触れることになるスウェーデンのヨーテボリ市の「男性のための危機センター」でのインタビューをしたときのことだ。１９８６年に市の一部門として設置されたこのセンターでの聞き取りのとき、「我が意をえたり」という発言が出てきたのだ。

「なぜ男性危機センターを設置したのか」と尋ねたとき、担当者はこう答えた。「ジェンダー平等の広がりの中で、女性の経済的自立が広がると確実に離婚が増える。そうなると、離婚後の悩みを持つ男性が増えることが予想される。こうした男性の危機的状況に対応するための政策が必要だと考えたのだ」と。

ほぼ同じ頃、「これからは男性問題の時代が来る。そのための対応が必要だ」と、ぼくもあちこちで提案し続けた。しかし、日本社会は、こうした声には耳を傾けることはなかった。ところが、スウェーデンでは事情が異なっていた。同じように考え、起こりうる事態をきちんと予想し、制度として対応策が作り出されていたのである。

ここでいう「男性問題」には、すでに30年ほど前から指摘しているように二重性がある（伊藤 1993；伊藤 1996）。

何よりもまず1970年代以後の国際的なジェンダー平等の流れの中で、男性に根本的な変化が求められてきた。性差別撤廃のためには、それまで「社会的マジョリティ」だった男性が、無自覚な性差別から脱却し、女性と対等な関係を築くことが求められたのだ。「男性への変化要求」としての男性問題である。

それと同時に、産業構造の転換を含む社会変容のなかでこれまでの男性の生活スタイルや意識に「きしみ」が生じてきた。なかでも「男性に変化を求める」声に対応しきれず、古いジェンダー意識に縛られている男性たちは多くの問題を抱え始めた。思わぬ変化の要求に、その意味を理解しきれず、時にいなおったり時に妥協したりしつつ「何が問題なのか」わからず戸惑っている男性も存在している。さらに悪いことに、固定的な男性性に強く縛られすぎることで、第1章でも触れた「自他に有害な男性性へのこだわり」（トクシック・マスキュリニティ）を原因とする過剰な暴力行為さえ生じている。

「社会変化の中での男性の不安定化」としての男性問題だ。第一の波が「外側」から男性にもたらされたとすれば、第二の波は、男性自身が抱える不安定性の問題であり、男性（および男性社会）の「内部」に由来する。本書が問題とする「メンズクライシス（男性危機）」は、（もちろん、その背景に存在する第一の男性問題とも連動しつつ）主に、第二の男性問題とより深く関わっているということになる。

それなら「メンズクライシス」とは何か。ここでいう「メンズクライシス」とは、すでに本書の第1章でも述べたように、「（近代社会の産物としての）男性主導社会の揺らぎのなかで20世紀後半以後生じている、経済的・文化的・社会的・心理的な不安定性がもたらす男性性の危機」とでも定義しておこうと思う。このメンズクライシスは、男性たちの精神的な不安定性とつながり、時には社会的な病理的行動と結びつくことさえあると考えてきた（伊藤 2018a）。

メンズクライシスの背景

こうした「メンズクライシス」現象の背後にはどのような事情があったのだろうか。ちょっと大げさかもしれないが、そこには「文明史的」とでもいっていいような人類史の変容があったと思う。そこには第1章で述べたような文明史的な歴史の変容が控えている。

最近、日本政府の「ソサイエティ5・0」やドイツで使われ始めた「インダストリー4・0」など、社会や産業が次のバージョン（段階）に突入したという議論をよく目にするようになった。これらの言葉が意味しているのも、人間社会の文明史的画期が到来しているということだろう。

「ソサイエティ5・0」は、狩猟社会、農耕社会、工業社会、さらに1970年前後に生じた情報社会の登場に続いて、ＡＩ（人工知能）やＩｏＴ（モノのインターネット＝人間を介しない社会的ネットワーク）などを軸にした社会をイメージしているようだ。また、インダストリー4・0は、蒸気機関の発明による第一次産業革命、電気エネルギーの登場と普及による第二次産業革命、さらに情報革命という第三次産業革命に続く、第四の産業革命をいう。

メンズクライシスの背景である男性主導社会の仕組みにほころびが生じたのは、1970年前後の第三次産業革命のことだろう。第一次、第二次の産業革命は、基本的には男性の労働力を軸にした生産性重視、効率重視の産業の動向が軸になっていた。また、フォード主義と称されるように、大量生産・大量消費（結果として労働者の賃金上昇とさらなる消費の拡大という資本主義にとって好循環が生まれた）の産業構造が主流になっていた。

こうした男性主導の近代産業社会に対して、1970年前後に大きな転換が生じた。アルビン・トフラーの『第三の波』（1980―1982）に代表される、農業革命、産業革命に続く情報革命の時代という人類史の展開が、資本主義が発達した多くの社会で生み出された。この変化は、産業の形を変え（製造業中心から情報やサービスを軸とする産業へ）、労働の形を変容させ（時間や場所がフィックスされた労働から時間や場所がフレキシブルな労働へ）、さらに家族のあり方（伝統的な家族から家族の個人化へ）さえ変化させようとしていた。

経済学や社会学で「フォーディズム社会からポスト・フォーディズム社会へ」の転換と分析されて

きたこの変化は、製造業中心社会から情報やサービスを軸にした産業へという産業構造の大きな変容を生むとともに、女性の参画の拡大を生み出した。というのも、ポスト・フォーディズム社会においては、近代工業社会が要請した製造業における男性の筋力をそれほど必要としないからだ。むしろ、近代工業社会において生産労働の場から排除され、子どもや高齢者など「人間」との感情的接触を含むケア労働を担ってきた女性たちの方が、サービスを軸にした産業の展開においてはより「良い」労働力である場合さえある。

こうした動きは、当然のこととして、それまで「産業社会の中心的担い手」であった男性たちの立場を揺るがせることになる。

「環境」と「人権」の時代の中で

この変化には、価値観の大きな変化も伴っていた。この時代、あらゆる人の人権についての認識が広がり、また、自然環境の保護の動きが広がったのは偶然ではない。それまでの古い生活スタイルや意思決定の仕方では、社会が対応しきれないという状況が誕生したのだ。

実際、1960年代後半以後広がった、「環境」と「人権」という2つの新たな国際課題は、まさに1970年前後、経済の発達した諸国において生じた産業形態と人間の文化をめぐる地殻変動と連動していたのである。

実際、人類が自然環境破壊の問題に本格的に気づいたのは、この時期だった。そこには、生産性・

効率と利益重視の男性主導の近代産業社会の行き詰まり状況が控えていたはずだ。

アメリカ合衆国を起点に広がった「あらゆる人間の権利としての人権」もまたこうした文明史的転換と連動して生じたものだと思う。アフリカ系出身者への人種差別を契機にし、やがて障がい者差別問題、外国人差別問題、先住民差別問題（日本においても、被差別部落の問題や在日朝鮮人・中国人差別問題が本格的に広がるのは、1970年代前後のことだった）など、社会的マイノリティの権利が大きくクローズアップされることになる。中でも第二次世界大戦後、国連が「世界最大の人権問題」と語ってきた「女性差別撤廃」の声は、（一部の国をのぞいて）経済の発展した諸国も発展途上国も含めて世界中に大きな波を生み出した。

何が言いたいのかといえば、1970年代までは、欧米社会も含めて世界中が性差別の構造の下にあったということだ。特に家父長制条項を含むナポレオン法典の影響下に置かれ、男性稼ぎ型モデルのもとに置かれてきたヨーロッパ諸国においては、そもそも女性の就業を法律で規制しているケースも少なからずあった。たとえば、フランスで、法律上、既婚女性が夫の許可なく就業できるようになったのは1965年のことであり（財産は家長の管理下にあったため、既婚女性は、この1965年まで自分の名前で預金通帳がつくれなかったという）、スイスでは1985年まで同様の既婚女性の労働の夫の許可についての法律が残っていた。また、スイスで国政選挙に女性が参加できるようになったのは1971年のことである（もっといえば、国政選挙は1971年だが、全州の選挙で女性の参政権が確立したのは1990年代になってのことだ）。

近代産業社会に適応して生まれたジェンダー秩序（労働の場、地域生活から家族関係を貫く男性主導の仕組み）が根本的に揺らぎ始めたのは、まさに1970年代以後のことなのだ。この揺らぎは、当然のことながら男性たちを困惑させることになる。というのも、いままで「当たり前」だと思っていた男女の関係や役割が根本的に変更を要求されるのだから。しかも、この秩序は、ほとんど無自覚なままに男性たちが思い込んできた「男性性」そのものの揺らぎと連動せざるをえなかったからだ。

近代産業社会の「男性性」

先に近代社会が男性主導の社会であると述べた。このことについて、ここでもう少し詳しく述べておこう。産業化・工業化は、それまでとは異なる男女の役割を生み出した。労働力を必要としていた産業革命初期には、男性のみならず（というよりも、主要な産業であった農業に従事していた男性以上に）未婚の女性や子どもが労働力としてかり出されていた。しかし、この仕組みは、やがて変化していく。まず資本制の下での賃金労働者として男性が支配的になり、（過剰な労働により健康を害することも多かった）子どもたちは、次世代の労働力としてのトレーニングを受けるため学校へ隔離されるようになる。また、主要な労働力となった男性たちの生活と健康を維持する仕事（ケア労働）は女性に割り振られるようになった。つまり「『公的』領域において有償の生産労働を担う男性／『私的』領域で無償の労働力再生産労働（外で働く男性労働者、次世代の労働力としての子ども、労働力としての任務を終えた高齢者という3つの世代のケア）を担う女性」という性別分業が成立したのである。

この仕組みは、そのままいわゆる「近代家族」(核家族、性別分業、「愛情」による家族間の結合の強調、血縁者以外の存在の家族からの排除など)の成立と連動していたことも付け加えておこう。

近代社会においては、ジェンダーは、個々人のアイデンティティの重要な柱である。特に競争に追われ、必要以上にタフであることを求められている男性たちは、女性以上に、自分が「男である」(つまり「女」や「同性愛者」ではない)ということの証明を、さまざまな形で求められる。その意味で、近代社会というのは、男性という存在にとって、ストレスフルで不安定な社会でもある(近代の男性性がきわめて不安定なものであるという指摘は、伊藤(1984)など参照)。

第二次世界大戦後、特に、1970年代以後のジェンダー平等の動きは、こうした近代的なジェンダー構造に大きなヒビを入れた。しかし、多くの男性は、いまだに「男性性」の自己証明を、さまざまな場で求め続けている。

こうした近代社会の男性性は、「優越指向」(他者と競争し勝たなければならないという心理的傾向)、「所有指向」(たくさんのモノを所有し管理しなければならないという心理的傾向)、「権力指向」(他者に自分の意志を押し付けられなければならないという心理的傾向)という3つの指標で分析できるだろう(伊藤 1984)。

男性同士の間でも、この3つの指向性をめぐる激しいゲームが続けられてきた。ただし、男性同士のゲームにおいては、男性たちはすべて勝利者になれるわけではない。だから、男性同士のゲームにおいては、「負け」を認めることもできる。しかし、このゲームが女性との間で生じたときはどうなるだろう。それは、しばしば絶対に負けられないゲームになってしまいがちなのだ。

「男たるもの、女には知的にも精神的にも肉体的にも優越していなければならない」。「男は女を所有物としてモノのように管理できるくらいでないと一人前ではない」。「男は女に自分の意志を押し付けられるくらいでないといけない」。ＤＶやセクシュアル・ハラスメントなどの性にかかわる暴力の背景には、こうした男性たちの無自覚な「男は女に対して支配的でなければならない」という思い込みに１つの原因があると思っている。

とはいっても、単に支配的な性へのこだわりだけが性的暴力やＤＶの原因ではない。むしろそこには、男性の女性への過剰な「依存」という要素も潜んでいると思うからだ。アメリカのＤＶのケースで、妻を殴りながら「I love you」と叫ぶ男性の事例をよく聞く。これはたぶん「Love me, please」なのだとぼくは考えてきた。女性とは、「(男である) 自分をどこまでも包み込んで癒してくれるべき存在である (たとえ殺されても)」とでもいっていいような「甘え」がそこには透けて見える (伊藤 2003)。

すでに述べたように、１９７０年代以後、こうした男性の女性に対する「支配と依存」の構図が崩れ始めている。女性の経済的社会的自立は、男性に家族のための「ブレッドウィナー (稼ぎ手)」としての役割 (これが男性の家庭における支配力の１つの重要な資源だった) を求める必要が以前ほどなくなりつつある。

以前、かつて女性は３つのＦを理由に、男性と結婚をする必要があったが、今や、そのＦの３つとも必要としなくなった、という議論があった。Ｓ・スミスの『女は結婚すべきではない――選択の時代の新シングル感覚』(あわやのぶこ訳、中央公論社、１９９５年) によれば、３つのＦとは、ファイナンス

(お金)とファザーリング(父親役割)、さらにファータイル(繁殖力)だ。お金は経済的自立で男性に依存する必要がなくなり、父親役割はそもそも子育てに責任を持たない男性は不必要であり、繁殖力＝精子提供は、今や精子バンクで対応可能だ。だから、女性はもはや結婚しなくてもいいという議論だった。実際、女性の社会参画と経済自立の広がりは、結婚という制度を通じて女性に依存してきた男性にとっては恐怖を抱かせるかもしれない(保守的な男性の中に、フェミニズムアレルギーがあるのは、たぶん、ぼんやりとこのことに気がついているからだろう)。

というのも、育児や家事ばかりでなく、職場での仕事においても、男性のなかには女性のサポートなしには、ほとんど何もできない男性も多いからだ。

「いばらず、あまえず」つまり「支配することなく、たくましく」生きることのできない男性たちにとって、女性の自立と社会参加の拡大は、まさに「クライシス」を生み出す可能性が高いのだ。

2　地殻変動の時代

拡大する女性の労働参画

すでに述べたように、女性の労働参画という点で、1970年代以後、大きな地殻変動が世界中で発生した。背景には、女性の人権ということだけでなく、1970年代初頭、経済の発達した諸国で発生した不況と少子化による労働力不足の問題もあるだろう。大部分の女性が専業主婦であった欧米諸国で、男性稼ぎ型モデルでは所帯の運営がむずかしくなったのである。男女が働かないと生活がなりたたない状況が生じたのだ。また、先に述べたように、早い段階でポスト・フォーディズムに突入した社会は、女性の職域の拡大もあったのだろうと思う。

それと同時に、特にまだ労働組合運動の強かった西欧社会では、女性の労働参画とともに、働く男女の家族的責任の擁護や、そのための労働時間の短縮、さらには子育て所帯を対象にした家族政策（税の免除、保育サービスの充実、子ども手当的な直接給付の仕組み）などが、福祉政策と合わせて拡充していった。早めにこうしたジェンダー平等と家族政策を進めた北欧社会やフランスなどの国々では、少子化に歯止めがかけられている。

女性の労働参加は、一般に少子化につながるといわれる。しかし、ジェンダー平等政策と家族政策に支えられて、これらの国々では出生率が上昇しているのだ。他方、女性の社会参画が遅れ、家族政策が不十分な日本や南欧諸国が少子化に苦しんでいる。

女性の労働参画の拡大と少子化に歯止めをかけた国々が、製造業中心のフォーディズム段階から、サービスや情報、さらに金融といったポスト・フォーディズム社会へ早めに移行した国が多かったことも押さえておく必要があるだろう（ちなみに南欧＝イタリア、スペイン、ギリシアといった国々が21世紀において経済的な困難に直面していることにも注意を払う必要があるだろう）。

ちなみに、日本では、敗戦直後に法律上の家父長制は廃止され、また、西欧キリスト教社会ではなかなか認められなかった協議離婚の制度もあり、さらに問題を含んだ法律ではあるが、「優生保護法」

の下で経済的理由での中絶も認められていた（欧米社会で、1970年代以後、離婚法、中絶法がフェミニズム運動の二大テーマであったことを考えると、この時期まで、日本は法律上の男女平等は欧米社会よりも「進んでいた」とさえいえるだろう）。

女性の就労という点でも、1970年まで、日本はOECD諸国の中では、図抜けて女性の労働力率の高い社会であった。1970年段階では、スウェーデンよりもちょっと高いくらいで、フィンランドに次いで第二位だった。もちろん、農業や自営業者の女性もまだたくさんいた時代だったとは思う（また、男女の賃金格差も他の国と同様きわめて大きく開いていたのも事実だ）。これが、30年後の2000年のデータで見ると、データのある30カ国ほどの諸国のなかで日本の女性の労働力率は20位くらいに落ちる。もちろん、この30年の間に日本の女性の労働力率も伸びている。ただ、日本が5％ほどの上昇であったのに、欧米の多くの国は30％から40％のレベルで女性の労働参画が拡大しているのである（男女の賃金格差も欧米諸国の多くでは、この間、少しずつ縮んでいる）。

日本社会は、1970年代の国際不況を、どうも別の道で乗り越えたようなのだ。つまり、男性の長時間労働の拡大（残業手当等の増加で男性の年収と所帯収入は急上昇した）と女性の家事・育児の全面的負担＝子育て後は条件の悪い非正規労働という、「1970―80年代型の性別分業体制」によって（団塊世代というボリュームのある労働力の社会参加もあいまって）、経済先進国では例外的な安定成長を実現してしまったのである。

日本では、なぜジェンダー平等が遅れたのか？

実は、日本の場合、1970年代にポスト・フォーディズム社会に突入した国々と異なり、トヨタ方式＝ジャスト・イン・タイム方式などによるフォーディズム型の産業スタイルの修正（ポストではなくアフター・フォーディズム体制と呼ぶ人もいるようだ）によって、「ものづくり」重視のまま21世紀に突入してしまったという見方もできる（実際、少しずつ減り始めているとはいえ日本の第二次産業人口＝製造業人口割合はそう減っていない）。

日本においてジェンダー平等が進まなかったことの背景には、1970年代の地殻変動に対して、欧米の諸国の多くが女性の社会参画＝ジェンダー平等を目指してポスト・フォーディズムの社会へと移行を開始したとき、日本では、製造業を守りつつ「1970―80年代型の性別分業」体制で対応したのだと考えることもできる。しかも、この時期、発展途上国の多くはまだ製造業を軸にした経済成長の「離陸」を開始し始めたばかりであり、日本の製造業は、いまだに国際的に比較優位の状況に置かれていたともいえる。と同時に、こうした国際的な好条件のなかで、「1970―80年代型の性別分業体制」で、一種の「成功体験」を味わってしまったのだ。

1990年代にバブル経済が終焉を迎え、少子高齢社会が目前に迫りつつあった時期、本来なら日本社会は、ジェンダー平等と男女の家族的責任を支えるための家族政策の充実とワーク・ライフ（ファミリー）・バランス社会へと大きく舵を切るべきだった。付け加えれば、この時期、ポスト・フォーディズム社会へと転換を開始した諸国では、発展途上国の製造業の発展を前提に、比較優位を守るために高等教育の充実＝科学技術・学術政策の充実による人的資源の養成へと大きく方向転換したこともおさえておきたい（1990年代初頭の日本社会は大学型高等教育への進学率ではトップクラスであったが、今や、OECD平均をかなり下回る「教育劣国」になってしまっている）。さらに付け加えるなら、OECD諸国の大学型高等教育の充実のなかで女性の大学進学率は1990年代半ばに男性のそれを上回り、現在では平均して10％程度女性の進学率が男性のそれを上回っている（唯一日本だけが、いまだ男性が女性を10％程度上回っている。もっとも短大進学者を含むとほぼ男女が同じ割合になるのだが）。

近年生じている日本の経済的不安定さには、こうしたポスト・フォーディズム社会に日本社会が乗り遅れたことも大きく関わっていると思う。いわゆる「ものづくり敗戦」と呼ばれる事態である。たとえば、経済学者の野口悠紀雄は、「日本では『モノづくりこそ経済活動の基本であって、サービス産業はそれを支える補助的なもの、だから経済の主役になることはできない』と考えている人が」いまだに多数派で、それゆえ現在の国際的なトレンドに乗り損ねていると指摘している（野口悠紀雄『日本式モノづくりの敗戦』、東洋経済新報社、2012年、264頁など）。

すでに経済の発達した社会では、ポスト・フォーディズム社会への移行に伴って、男女の関係がジェンダー平等に向かって（完全とはいえないが）大きく変化しつつある。男性たちは、「メンズクライシス」にそれなりの対応を開始しているのだ。ところが、こうした変化に出遅れた日本社会は、まだまだ古い「男性性」の規範に無自覚に縛られている男性も多い。

その意味で、日本社会にとって「メンズクライシス」への対応は、他の国と比べれば「これから」

さらに重要になってくる課題だろうと思われる。

3　現代日本男性の不安定状況

男性主導社会の変化

こうした「メンズクライシス」現象の登場を、もう少し詳しく見ていこう。もちろん、それは単純なものではない。さまざまな側面で、多様な要素が絡み合いながら生まれているからだ。

第一に挙げられるべきなのは、「社会的不安定さ」だろう。これまで男性主導で進んできた、社会の変化に対応して、男性の地位や役割、それとかかわる諸制度の変化がもたらす不安定状況が生じている。たとえば、女性上司の登場、女性の労働参加の拡大による男性稼ぎ型モデルの変更、男性に対する家事・育児・介護への参画要請などである。

しかし、こうした地殻変動に鈍感で、いまだに女性にたいする「支配と依存」の幻想を維持している男性にとって、この変化は大きな衝撃だろう。

さらに、「文化的不安定状況」もある。ここでいう「文化」とは、人間生活のなかで築かれてきた、その社会・時代に特徴的な「ものの見方、考え方、ものの言い方、行動の仕方など、パターン化された認識・行動の仕方」と、とりあえずは考えていただきたい。

1960年代後半に生まれたフェミニズムの第二の波とよばれるものは、第一の波と大きく異なると言われてきた。というのも、第一の波が、参政権や財産権、さらに教育権や男女平等の労働権など市民的権利を軸に戦われてきたものが、第二波では、変革の要求が、日常生活世界を含む、男性主導のものの考え方、言い方、行動の仕方の変更の要求を、国際的に生み出したといわれる。こうした文化的変動によっても、男性たちには不安定状況を引き起こしている。「いままでは、性的言動も軽い冗談で許されたのに！」などと叫ぶ男性たちや、選択的夫婦別姓（そもそも日本は伝統的に別姓であり、夫婦の別氏の制度化は欧米の家父長制に基づく家族制度をまねた明治民法によるものなのだが）に「家族の絆が崩壊する」などと反応する人たちは、その典型例だろう。

これに「経済的不安定さ」が加わる。1990年代以後、遅れてポスト・フォーディズム社会に入った日本社会において、男性多数派にとって経済状況の上昇が望めない状況が広がりつつあるのだ。

実は、日本の男性雇用者の年収のピークは1997年である（背景には、1990年代まで続いた日本の安定成長と長時間労働による残業手当があるのだろう）。このとき約570万円あったサラリーマン男性の平均年収は、2010年頃には500万円を割っている。所得の削減は、それまで年収の高かった中高年世代の方が、若い低所得の世代よりも相対的には重くのしかかったはずだ。製造業の海外移転は、マニュアル労働者の賃金を低下させるし、労働生産性の低いサービス産業や情報産業は、一部の富裕者を除いて、賃金低下を生みやすいといわれる。さらに、女性のみならず若い男性の間にも非正規化の波が広がっていることも、年収（実質賃金ではなく、名目賃金上の年収の平均である）の減少に大きくかかわっているのだろう。

こうした大きな社会変容の前に、男性たちは「心理的な不安定状況」に置かれつつある。そもそも、一般に男性は女性と比べて「変化に弱い」といわれてきた。社会が男性主導であるということとも関わるのだが、男性がジェンダー問題に関心を払わないことの背景に、男性は女性と比べて「変化が怖い」のだと論ずる人もいる。変化を前にすると、男性たちは、しばしば身構え、ガードを固くし、防衛的になる。というのも変化を認めるということは、自分を変えることにつながるからだ。男性たちを縛っている「男らしさ」という鎧は、この「自分を変える」ことをなかなか許さない。というのも、「変える」ということが、「今（まで）の自分（のやり方）」の「負け」を認めることだと考えてしまうからなのかもしれない。

実際、男性たちの多くは、ジェンダー問題という視点から自分たちの生活に目を向けることはほとんどない。というのも、皮肉なことに、これまでの社会が男性主導社会だったからだ。女性たちは、この男性が主導する社会のなかで、女性であるというだけでさまざまなジェンダー問題に直面せざるを得ない。だから、この課題に対して女性は敏感だ。ところが男性たちは、基本的に社会のルールが男性主導で作られているために（つまりジェンダー問題にぶつかることが少ないがために）、簡単にいえば、ジェンダー問題に鈍感なのである。もちろん、そこには男性主導社会の「既得権」を守りたいという思いもどこかにはあるのだろう。

日本における「男性問題」のはじまり

もうずいぶん前のことだが、1990年を前にして、著者の一人である伊藤は、「1990年代は男性問題の時代になる」という予想をしたことがある。時代の変化のなかで、男性が自分たちの抱える矛盾と直面する時代が始まるだろうと考えたのだ。

1990年代の初頭から中頃にかけては、中高年男性の自殺死亡率が上昇傾向にあることや、熟年離婚がこれから急増するだろうといった予想を、あちこちで書いたりしゃべったりしていた（伊藤（1993）、伊藤（1996）などをご参照ください）。この予想が大当たりだったのはご承知の通りである。熟年離婚は、テレビドラマになって話題をさらったし、50代を軸にした自殺死亡率の急上昇は、社会現象として注目されるようになった。

男性たちを取り巻く危機の背景には、古い「男らしさ」の鎧とでもいっていいジェンダー（男性はこうあるべき、女性はこうあるべきという固定的な縛り）の問題が控えているというのが当時の見立てだった。男性たちは、「男というものは弱みを見せてはならない」「男は感情を表に出してはならない」「男は自分の問題は自分一人で解決できなければならない」という男性像を心の中に抱いている。もちろん、こうした「男らしさ」が、社会での活動にプラスに作用している側面もあるだろう。しかし、それが行き過ぎると、この縛りは男性自身に重く跳ね返ってくる。たとえば男性に多くみられるといわれる過労死だ。身体の調子が悪くても（「自分は男だから」と）弱音がはけない。無理に無理を重ねて、結局、身体をこわし、ときには死に至る。先に述べた中高年男性の自殺の急増の背景にも、こうした「弱音が吐けない」「(家族にさえ) 相談することができない」男性たちの身構えた生き方が反映しているのではないかと思われる。

仕事中心の生活に追われ家庭生活を放棄してきた男性たちは、老後においても、さまざまな問題に直面することになる。これも先に触れた熟年離婚はその代表例である。こうした熟年者の離婚のほとんどは、妻から言い出される (家庭裁判所の離婚調停の7割以上は女性からの申し立てである)。背景には、仕事に追われることで、妻や子どもと十分なコミュニケーションができない現代日本の男性の生活スタイルがあると考えられる。

付け加えれば、停年離婚された男性の平均寿命は、日本の男性の平均寿命よりも約10年短くなることが統計的に明らかにされている。その理由として、衣食住などの日常生活のケアをほとんど妻に依存してきた男性たちは、離婚後、一人で生活を運営することができず、精神的にもダメージを受けやすいのだと考えられる。

4 「剝奪 (感) の男性化」＝男性危機への向き合い方

人類史的ともいうべき世界の変化のなかで、男性たちは、社会的・文化的・経済的不安定性に直面しつつある。これまで男性たちにとって「あたりまえ」であった社会構造は大きな変化の波に晒されているのである。こうした事態は、男性たちに、いわば「剝奪感の男性化 masculinization of deprivation」とでもいうべき状況を生み出した。それは、日本の男性だけでなく、国際的にも同様の事態が生まれているのだ（伊藤 2019a)。

この用語は、「貧困の女性化 feminaization of poverty」から思いついたものだ。開発途上国の経済発展は、その一方で貧困や格差を拡大させた。しかもその「しわよせ」が女性にのしかかっているという状況を示した言葉だ。この状況はまだ続いているし、日本の非正規女性の割合の増加などをみれば、日本社会でも生まれているともいえる。

しかし、もう1つの性である男性たちも、かつて維持していた経済力の喪失や、家庭や職場、地域社会で「何か奪われている」という思いに、無自覚にとりつかれているのではないか。社会の変化、時代の変容に対応できないまま、言いようのない「不満」や「不安感」を多くの男性が抱き始めているように思われるのだ。

この剝奪感情は、多面的だ。すでに述べた社会的剝奪（マジョリティとしての男性の地位の揺らぎ＝「既得権」と思い込んでいたものの喪失感)、文化的剝奪（これまでの「男性」としての振る舞い方の変更要求のなかでのとまどい)、経済的剝奪（実質賃金の低下など)、さらに精神的剝奪（たとえば「何をしてもむくわれない」という虚無感）など、多岐にわたる「剝奪」感情が男性をむしばみつつある。

この剝奪感情が、悪い方向へと爆発したのが、すでに述べたような「トクシック・マスキュリニティ（自他に有害な男性性のこだわり)」問題だ。社会の変容のなかで、古い男性優位の固定観念に囚われ続けているがゆえに、うまく自分を社会と「調整」することができず、時に、暴力的で攻撃的な対応を生み出すのだ。こうしたトクシック・マスキュリニティ型の「暴走」の背景には、明らかにここで指摘しているような「剝奪（感）の男性化」という社会現象が控えているといえるだろう。

男性相談という動き

こうした「剝奪（感）の男性化」や「トクシック・マスキュリニティ」ともいうべき状況にどのように対応すべきか。それが、今、政策レベルでも問われようとしている。日本社会においても、この課題への取り組みが始まろうとしているのだ。

実際、２０１０年12月に閣議決定された男女共同参画基本計画（第三次）には、新たな分野として「男性・子ども」という新領域が設定された。第二次基本計画においても「男女共同参画と男性」という用語が全体にわたって書き込まれてはいたが、具体的に男性に焦点化された政策はほとんどみられなかった。第三次では、「子ども」と合わせた形ではあるが、独立した項目として立てられることになった。また、この基本計画に基づいて、日本政府は「貧困」「科学技術」「地域社会」などとともに「男性・子ども」という新領域が設定された。

「男性にとっての男女共同参画」の意識調査（座長：伊藤公雄）を実施し、その上で、「地方自治体における男性相談マニュアル」（検討委員会の座長も引き続いて伊藤が担当した）を作成した。現在は、地方自治体の多くで電話相談や面接相談も含む相談事業が展開されている。

男性の固定的な男性性からの解放のために、今、政策的に問われていることの1つは、男性を対象にした公的相談事業の展開ではないか。自殺やうつ、過労や人間関係のトラブルに対して、「男性性」

というジェンダーに敏感な視座からの精神的サポートが必要なのだ。もちろん、こうした相談窓口は、DVやセクシュアルハラスメントの被害者男性にとっても重要な機能を果たすだろう。また、さまざまな理由で自殺へと追いつめられている男性や、生活面で不安定な男性（高齢者一人暮らしで無年金の貧困男性の存在にも注目する必要がある）にとって、こうした相談機関は意味を持つことだろう。さらに、（DVやセクシュアル・ハラスメントの）加害者男性にとっても、こうした相談機関が必要だ。彼らの多くは、「なぜ自分が責められているのか」がわからないままに、加害者として名指され、処分を受けている。自分がやったこと、あるいはやろうとしてきたことの問題性に気づかせ、意識を変えてもらうためにも、加害者を視野に入れた男性相談を組織化するべきだろう。それがなければ、彼らはさらに意固地になって同じことを繰り返しかねないだろう。

ただし、新たにこうした男性相談の機関を設置せよ、と言いたいわけではない。人数的には圧倒的多数である被害者女性の相談体制も不十分な状況で、新たに男性相談を、ということに疑問を持つ人も多いだろう。また、財政難の時代に、新しい施設設置には批判もあるだろう。しかし、男性相談のために、新しい機関を設置する必要はない。自殺防止やメンタルヘルス相談などの既存の相談機関（その多くは無自覚なまま男性対象に作られているが、ジェンダーに鈍感なために、そのことに気がついていないことがしばしばみられる）の一部を、一時的に「男性相談」として提示すればかなりの効果が期待できる。相談そのものの重要性とともに、公的男性相談の設置の公表そのものが、「自分一人で問題は解決すべき」と考えている男性に「男性も相談していいのだ」と気づかせる契機にもなることだろう。

こうした男性性というジェンダーに敏感な相談窓口の設置には、それとあわせて、さまざまな準備が必要だ。なかでも、男性性という視座をきちんと備えたカウンセラーの養成がなされなければならない。女性対象のフェミニストカウンセリングに対応するような、男性対象のカウンセリングのための研修等が、今後、ますます求められなければならないと考えられる。

また、男性対象の相談員と女性対象の相談員との意見交流なども今後は重要な課題になっていくはずだ。

スウェーデンにおける「男性のための危機センター」

男性相談を日本社会で実践するためには、すでにこうした動きを開始している諸国の事例は大きな参考になる。2015年9月、男性対象の男女共同参画政策についての共同研究のメンバー（本書の他の執筆者3名）とともに、スウェーデンのヨーテボリ市にある「男性のための危機センター」を訪問した（スウェーデンの実情については第4章を参照）。

「男性のための危機センター」は、さまざまな危機に直面した男性のための相談と救済のための機関である。ヨーテボリ市の社会資源局のもとに設置されたこのセンターでは、1986年から市内に在住の困難を抱える男性の支援にあたっているという。おそらく、世界でも最初の男性対象の相談機関であると考えられる。

センター設置の背景にあるのは、スウェーデンでいち早く広がった男女平等の動きだったという。

女性の社会参画の拡大のなかで、もう1つの性である男性の役割と意識に対する見直しが本格的に開始されたのである。父親の育児参加の拡大や男性の意識改革の広がりなどの一方で、男性たちもさまざまな問題を抱えていることが見えてきたのだという。従来の男性役割に縛られている男性たちを、さまざまな困難やストレスが襲ったのだ。特に、女性の社会進出に応じて高まった家庭内での夫婦関係の緊張という問題や、経済的自立をとげた女性の増加に伴う離婚の急増と離婚後の男性たちを襲った心身の健康問題などが、社会問題化したという。

最近の相談内容も、トップは家族関係を含む人間関係の悩みだという。感情の処理、育児の不安や離婚後の困難についての相談がそれに続く。また、自分の攻撃性や暴力についてなどDVにかかわる相談も多いという。DV加害者に対しては、センター直属の組織で、「DVから自由になりたい」という意思を持った男性のみを対象に、グループワークなども展開しているという。30週近いグループワークの生み出す効果はかなり高いという。

日本でも、男女共同参画基本計画（第三次）によって、地方自治体による男性相談の事業が本格的に開始された。すでに述べたように『男性相談マニュアル（DV関係は別冊）』も作られ、少しずつ男性対象の相談事業も広がりつつある。しかし、男女共同参画基本計画の第四次（2015年閣議決定）や第五次（2020年閣議決定）では、この男性相談の項目が消えている。政策の継続性という点からみても、ちょっと気になるところだ。

悩みを抱える男性に対する働きかけは、社会全体にとっても重要な意味を持つと思う。相談できずに、自暴自棄になる男性もいるからだ。また、ストレスを妻や子どもに対する暴力ではらそうとする男性もいるはずだ。男性を襲う悩みは、仕事の活力をそぎ、また、人間関係や家族関係の悪化を生み出す場合さえある。女性の社会参画に伴って変化した男性の生活に、素早く対応したスウェーデン社会のように、男性の悩みを解決することは、家庭生活の安定や、社会の安定のためにも必要なことなのだ。女性の活躍の時代だからこそ、もう一方の性である男性への配慮が、今後も重要な課題になるはずだ。

台湾における「男性のためのホットライン」

こうした動きは、アジアでもすでに展開されつつある。代表的な事例として、台湾における「男性のためのホットライン」が挙げられるだろう（台湾については、公益財団法人笹川平和財団（2019）など）。台湾においては、1998年、DV家庭への介入を認める法律がアジアでは最も早い段階で導入されている（日本は2001年）。この法律の制定当初から、法律的知識や加害男性のどうしたらいいかわからないといった困難が生じることが想定されていたという。実際、2003年にある事件が発生した。男性への待遇に怒りを覚えたトラック運転手の男性が、交通部をガソリンをもって襲撃、相談先のない男性たちのやり場のない怒りの爆発が社会に衝撃を与えたのだ。

その後、加害者とされた男性への対応の必要性から、2004年に「男性のためのホットライン」が設置された（当初は内政部家庭暴力や性的暴力防止委員会所属、2013年より現在の衛生福祉部心理口腔司に所属)。特に、DVの裁判は長期化することが多いが、他方で、男性たちは自分たちを見つめ直し、何が問題なのかを知るすべが何もない。こうした男性への対応・相談を進めるために設置されたという(なお、台湾のDV法は、日本とよく似たもの＝保護命令と保護命令違反者の逮捕という流れである)。

ホットラインのサービスは、毎日朝9時から11時まで、休みなしで展開されている。弁護士が月に2回オンラインで対応。毎回四人で、1回20分程度対応する形になっている。

ホットラインが提供しているのは、①法律の情報、②男性が問題を解決するための社会的資源の紹介、③面会交流についての支援などの情報である。相談のレベルとしては、①1回だけの相談レベル(一般諮詢)、②毎週相談のレベル(深談個案：同一のカウンセラーが継続的に対応)、③緊急のケース(緊急個案：自殺や殺人の示唆があり、特に緊急と認められた場合、場所を特定の上で警察や衛生局への通報を行う＝通報の義務付け)の3つくらいのレベル(無効電話もある)が存在している。つまり、①対応がそれほど切迫していないと判断された場合、②自殺示唆は自殺対応の機関へ、③殺人の示唆も関係機関へつなぐ対応を行うという。

実際の相談の実情をみてみよう。以下に示したのは、ここ数年の相談件数の延べ数である。

2013年度	①一般7483	②深談7226	③緊急10	④無効8386
2014年度	①一般7504	②深談8322	③緊急7	④無効2624
2015年度	①一般8936	②深談8309	③緊急8	④無効2146
2016年度	①一般9365	②深談8874	③緊急20	④無効1854

２０１７年度　①一般９１７５　②深談７９３２　③緊急15　④無効１３８４

世代的には、30代、40代、50代が中心で、40代が最も大きな割合を占める。既婚者が多く65％（うち、既婚男性が５０００人から４０００人、離婚男性が２０００人くらい）。シングル男性の場合は１回の相談で解決することが多いという。

相談内容で多いのは、人間関係、夫婦関係、法律問題の相談などであり、相談を受けた人の満足度は高いという。

悩みの内容は、全体的に、経済、就業、家庭不和、気持ちを話す場所の不足などが挙げられていた。「出口がない」「相談する相手がいない」という声も多いという。

世代別に抱えている課題についてもリストが作られていた。20代（ライフプランと家族の期待のズレの悩みなど）、30代（結婚後の夫婦関係、嫁姑問題、子どもの養育問題、ワーク・ライフ・バランスの悩み）、40代（実家と今の自分の家庭の板挟み、夫婦の不和、不倫、離婚と財産分与、養育権問題）、50代（家庭回帰への期待と家族の拒絶の悩み）、60代（身体の衰え、孤独）など、抱える問題の世代による多様性がうかがえる。

ホットラインとして、男性がコミュニケーション力をつけることの持つ意味が強調されていた。特に、効果のあった面として、男性たちに自分の気持ちをどう妻に伝えるかのアドバイスや、離婚時にそれを受容する方向付けのカウンセリングなどが効果を発揮しているという。

台湾の性暴力加害者対応

　DV加害者対応も、台湾ではかなり進んでいる。担当は、福祉部の心理口腔健康部が担当している。ここは、カウンセリングと口腔の健康を担当する2つの部署から形成されている（なぜ口腔が同じ部署に入っているのかといえば、行政改革による部門数の制限のためということのようだった）。全体で28人のスタッフがおり、うち心理担当は4部門（自殺防止、精神医療、依存症対策、DV・性暴力対応）あり、心理口腔健康部のトップは精神科医、副は歯科医だという。

　2017年度のDV件数は、11万6742件。うち、警察で対応が46％、病院28％、およびDVホットラインでの対応が20％という。性暴力の認知件数は1万3415件だということだった。

　DV保護命令案件7963件のうち34〜38％が、裁判所の決定で強制的に処遇（命令違反は3年の懲役刑）がなされる。内訳は、病院での治療（アルコール依存など）、メンタルケア（基本的にコミュニティ内の施設で対応、ひどいケースは精神病院へ）、認識レベルのトレーニングプログラム（ほぼ70％がこれに該当）である。

　認識レベルのトレーニングプログラム（認知教育指導）の内容は、18〜24週のプログラム（期間は裁判所の判断による）。全国に約200人いる心理カウンセラー（42・3％）やソーシャルワーカー（53・6％）が担当し、予算は政府予算及び自治体の予算でまかなっている。

　男性被害者については、別のユニットで対応（個別ケースとしての対応になっている）している。また、男性被害者のホットライン利用は少ない。ただし、近年増加の傾向にある。同性愛カップル男性からの相談も対応している（公益財団法人笹川平和財団 2019 参照）。

5　男性とケアの力

男性対象のジェンダー平等政策という時、近年ＥＵなどで主張されているケアリング・マスキュリニティという言葉にも注目する必要があるだろう。ケアする男性性ということだが、ここにはさまざまな意味が含まれている。１つは育児や介護などのケアに男性が深く参与するということがある。それと同時に、ケアという言葉が持つ「他者の生命・身体、さらに気持ちに十分に配慮する力」という意味合いも含まれている。ボブ・ピーズなど一部の男性学・男性性研究者は、「こうした男性にとってのケアの倫理の構築は、暴力忌避の感情を生み、戦争抑止＝平和構築にもつながる」とさえ主張しつつある（実際、育児に深く関わる男性は攻撃性を誘発しやすいテストステロンが減少するという研究もある）。

こうした「男性のケア力」（とりあえずケアリング・マスキュリニティをこのように読みかえてみようと思う）には、もう１つのポイントがあるように思う。それは、「ケアされる力、ケアを受容する力」と男性性という課題だ。多くの男性は、ケアをうまく受容できない（ケアされるということは、他者に依存する＝男性性を失うと思い込んでいるからでもある）。ある種の「男性の自立幻想」だ。だから、ケアを素直に受容できず（他者への素直な依存ができないのだ）、自分の要求をスムーズに出せない男性もいる（これも「自分のことは自分でしなければならない」という男性の「自立幻想」のたまものだろう）。

他方で、「周囲のサポートに依存して生活を送っていることをきちんと認識していない」という男性の勘違いもある。家庭から職場まで、多くの男性は、周囲（特に女性）からのサポートに依存している。しかし、「自立幻想」は、女性への依存について男性にきちんとした認識をさせることはない。「自分でやっている」と思い込んでいるのだ。ケアされる立場になっても、他者に依存していることがきちんと認識できない。依存している周囲の人々に対して感謝することもない。むしろ、威張ったり怒ったりする。

男性が「男とはこういうもの」という思い込みのなかで、自分の置かれた実態をきちんと認識できないという事態は、今後の高齢社会への対応という点でも大きな問題だろう。自分の弱さを他者にオープンにしつつ、感謝の気持ちでケアを受容する力もまた、今後の高齢社会における男性にとって、不可欠な課題だろう。

国際社会はやっとこうした男性のジェンダー問題に目を向けつつある。しかし、日本社会においては、この課題は、まだまだ「見えない問題」になっている。男性学・男性性研究の一層の深化のなかで、ジェンダー平等に向けた政策の実現に向けた作業は、まだまだこれから本格化していくことになるだろう。

❖コラム2　「ジェンダー平等」事始

2021年2月の森・東京オリンピック・パラリンピック組織委員会会長（当時）の女性差別発言のおかげで、おもわぬ「ジェンダー」効果が生じた。私たちホワイトリボンキャンペーン・ジャパンも直ちに声明を出した。他の声明や意見と比べて、「ちょっとできがよかった」ようで、多くの新聞をはじめメディアの注目を受けた。ある意味で「森発言効果」の「受益者（団体）」だったのかもしれない。

私たちのホワイトリボンキャンペーン（第3章3参照）以上に、「プラス」になったのは「ジェンダー」や「ジェンダー平等」という言葉だったと思う。とにかく、テレビでも新聞でも「ジェンダー」「ジェンダー平等」という言葉が飛び交ったからだ。21世紀のはじめにメディアを騒がせた「ジェンダー・フリー・バッシング」のことを、時代の流れの中で反省する暇もないメディア業界は、ほんの15年で、あの時代のことをすっかり忘れてしまったかのようだ。ある新聞は、社説で「我が社は、今後、紙面でジェンダーという用語は使用しない」と宣言したほどの大騒動だった（当然、この新聞も今は平然と「ジェンダー」という用語を乱発しているのだが）。森発言を契機に「ジェンダー」や「ジェンダー平等」が「市民権」をえたということだろう。

ジェンダーについては、すでに多くの人がその意味について理解されていると思う。日本では「生物学的性差であるセックスに対応した、社会的・文化的に構築された性別のことをジェンダーと呼ぶ」というのが、ほぼ合意をえたジェンダー概念の意味だからだ。もっとも、現在では、このジェンダーという言葉、生物学的性差を含む形で用いられることもあるし、日本で定着している意味付けだけでとらえると、わけが分からなくなる時もあると思う（でも、基本的に、日本型の位置付けがジェンダーという言葉の基本ではあるのだが)。

もう1つ流行中(?)の「ジェンダー平等」だが、たぶん、カタカナの「ジェンダー」と漢字の「平等」をつなげて使用したのは、ぼくが最初だったのではと思っている(もしかしたら、ぼくより先に考えた人がいたかもしれないが、ぼくはこの「ジェンダー平等」を考えた時には、他の場所で見たことはなかった)。

ちょうど20年ちょっと前、当時、大阪府の男女協働社会づくり審議会で、大阪府ジャンププランの策定中の時期だった。1996年に「21世期男女共同参画ビジョン」が政府から出され、1999年には「男女共同参画社会基本法」が制定された直後だったと思う。初めて「男女共同参画」の名前が登場したのは、1996年の「ビジョン」だったはずだ。それまで日本における女性問題(90年代までは婦人問題)についての用語は、「男女共同参加(型)社会」とか「男女共生社会」など、この時期に作られた「造語」で表現されていた。理由は、戦後長く使われてきた「男女平等」に対して、保守系の政治家の方々が反対したからだろうと思う。「男女共同参加」だと「ただ参加すればいいということか」という批判があり、また「男女共生」だと、「男女の役割分担を前提にしているように見える」といわれ、苦労の末に生み出されたのが「男女共同参画」(単なる「参加」ではなく、「意思決定も含む参加」という意味付けがなされた)という言葉だった。

ところが、「なぜ、男女平等という言葉を使わないのか」(これについては東京都や北海道では「男女平等参画条例」など、「男女平等」と「共同参画」を合成した用語を用いた自治体もあった)という声が、革新政党系の女性団体から出された。興味深いのは、バックラッシュが始まった21世紀初頭、今度は右派勢力から「男女共同参画は変な日本語だ。男女平等でいいじゃないか」という声が起こった。ちょっと変にみえるかもしれないが、事情を知っているものには実はわかりやすいことでもある。戦後、文部省は、男女平等の定義を、旧教育基本法の5条「男女は、互いに尊重し、協力しなければならない」に基づいて対応してきた（教育基本法改正の時、当時の文科大臣も、「教えるべき内容」の「男女の平等」の定義を聞かれた時、この言葉で対応しているので、教育分野では、いまだこれが男女平等の定義なのだろう）。これなら本格的な男女平等とはかけはなれたもので、保守派も「納得」できるということだろう。

この時期、大阪府の審議会は、元々使用していた「男女協働」か「男女平等」か、さらに「男女共同参画」のどれを使うかで、混乱した。そこで、ぼくが考えたのが、男女共同参画の説明として「ジェンダー平等」をつけるという提案だった。背景には、日本政府の「男女共同参画」の英語表現＝Gender Equalityがあった。政府の用語の男女共同参画に「平等」の表現を加えるという工夫だ。そこで「男女共同参画（ジェンダー平等）」という表現が生まれた。大阪府は、パブリックコメント向けに、この「男女共同参画（ジェンダー平等）」をしばらく使っていたが、議論のなかで、「男女平等は法律上の定義はないが、男女共同参画は、基本法に定義があるので、男女共同参画を使うべきだ」という弁護士の委員の一声で、最後は「男女共同参画」の使用におちついたという経過だった。

大阪府のプラン策定後、ぼくは、政策立案など行政関係の時には法律上の定義のある「男女共同参画」を、性差別撤廃の運動においては「ジェンダー平等」を使おうという提案をしてきた。今では、立憲民主党、日本共産党、社会民主党は政策の記述は「ジェンダー平等」で一致しているし、自由民主党からも、森発言騒動以後は「ジェンダー平等」を使う人も出てきている。「命名者」（自称）としては、ほんとうに「よかった」と思っている。

付け加えると、実は、「怪我の巧妙」もある。男女共同参画は、「男女」と性別が2つしかない表現だ。でも、「ジェンダー平等」なら、SOGI（性的指向および性自認）の多様性にも目配りできるからだ。実際、台湾ではそれまで「両性平等教育法」など「両性」を使っていたのを2004年に「性別平等教育法」に改正した。「両性」だと男女の二項だが、性別＝ジェンダーなら、性の多様性を含むという判断だったようだ。

というわけで、最近は、「ジェンダー平等の命名者」として、この言葉を次のように位置付けようという提案をしている。

つまり、「ジェンダー平等は、男性主導の社会の仕組みを転換し、男女二項図式に基づく差別や偏見、排除の構造を根本的に転換することによって達成される」。

みなさんのご意見いただければと思う。

第3章　男性対象ジェンダー政策の国際的動向

1　男性にとってのジェンダー平等

ジェンダー政策における男性の「発見」

ジェンダー平等政策において、男性は長い間「不在」だった。1970年代以降、国連を中心として国際社会で取り組まれてきた人類が直面する諸課題のなかで、ジェンダー平等は、今日まで最も重要な課題の1つであり続けている。しかし、少なくとも20世紀末までは、その焦点はもっぱら女性だけに当てられる傾向にあった。政策文書において男性に言及されることはほとんどなく、ジェンダー平等の積極的な推進者たちも、ほぼ女性たちで占められてきた。

ところが、今世紀になると、ジェンダー平等実現へ向けた国際的政策において、男性に注目が集まるようになってきた。国連関連機関やEUなどの国際的地域共同体によって、男性に焦点を当てた報告書や提言が次々と発表され、ジェンダー平等における男性の役割が盛んに議論されるようになってきた。

なぜ近年になってジェンダー平等政策における男性の役割が注目されるようになったのだろうか。男性に焦点を当てたジェンダー政策とは具体的にどのようなものであり、そこにはどのような特徴が見られるのだろうか。

男性に焦点を当てた国際的ジェンダー平等政策に関する各文書を概観すると、男性への注目の背景として、ここ数十年の間に、社会における男女のあり方をめぐって次の2つの側面に対する認識が国際的に広まったことがうかがえる。1つは、女性の地位向上のためには、女性だけでなく男性も変わる必要があるという側面。もう1つは、従来の男性に期待されてきた理想的な男性像や役割のもとで、男性も苦しんでいるという側面である。

こうして新たに認識されたジェンダー平等と男性との間の関係を、EUの報告書「ジェンダー平等における男性の役割——欧州の戦略と展望」は、次の言葉で端的に言い表している。「ジェンダー平等は男性を必要とし、男性はジェンダー平等を必要とする」と（Scambor et al. 2013）。

ジェンダー平等は男性を必要とする

まず、女性の地位向上のために男性が変わる必要があるとはどういうことだろうか。

従来、「ジェンダー問題」は一般に「女性問題」とほぼ同一視され、あたかも男性には無関係の問題ととらえられがちであった。なぜなら、それらの大半は、女性たちによって提起され、女性が不利益や被害を被っている側面を言い当てたものだったからだ。

しかし、「女性問題」として語られてきた問題は、決して男性不在の社会において女性たちだけの間で生じているのではない。それらは、男女がともに存在する社会において、男性との関係性のなかで女性が直面している問題だ。政治や経済の領域での意思決定に強い権限を持つ地位に女性が少ないということは、それだけそれらの意思決定権が男性に偏って与えられているということだ。家事や育児といった家族内での無償労働の大半を女性が担っているということは、その分男性は市場での有償労働に時間と労力を割いてお金を稼ぐことができていることになる。そして、異性間暴力の被害者の大半が女性であるということは、裏を返せば、加害者の大半は男性であるということだ。つまり、女性問題として語られてきた問題の大部分は、意思決定権や賃金や安全な環境における男女間の不均衡によって生じているのであり、女性と男性との関係性の中で生じているのである。

したがって、男性のあり方が変わらないままで、女性だけがそうした抑圧状況から解放されることはありえない。女性の地位向上とジェンダー平等の促進は、必然的に男性の変化を伴うのであり、女性のみならず男性もまた、その成否の鍵を握る重要なアクターなのだ。こうした意味で、ジェンダー平等は男性の変化とそれに向けたアクションを必要とするというわけだ。

男性はジェンダー平等を必要とする

では、従来の男性に期待されてきた理想的な男性像や役割のもとで男性も苦しんでいる、とはどういうことであろうか。

これまでほとんどの国や文化圏で、男性は、先述のように、女性に比べて社会的意思決定に関わったりより多くの収入を得たりする機会に恵まれてきたが、同時に、経済的に家族を養うことを期待され、仕事や他のさまざまな社会的活動において女性や他の男性に対して優越することや強さを誇示することを期待されてきた。その結果、男性は女性に比べて、生活の質や健康面でさまざまな問題に直面してきた。たとえば、自ら望む以上の長時間労働を強いられ、家庭で過ごす時間が非常に短い。男性同士が親密な関係を築くことや男性が乳幼児の世話をすること自体が否定的に見なされる社会も少なくない。家庭の外での男性同士の暴力も含めれば、暴力の被害に遭う確率は女性よりも高い。しかし、弱みを見せることがはばかられ、他人に援助を求めたり悩みを相談したりしにくい。そうした理想的な男性像に沿えなければ、屈辱感や恥ずかしさにさいなまれる。そしてほとんどの国で、男性は女性よりも成人前の時期も含めて死亡率や自殺率が高く、平均寿命が短い（Scambor et al. 2013）。

ただし、男性たちの間に見られるこれらの生活の質の低さや健康問題は、決して男性差別のせいではなく、女性の方が有利な社会だからでもない。これらは、男性に権威や利益が集中する男性優位の社会を維持するために、個々の男性に負担が求められているある種の代償である。社会学者のM・メスナーは、これら2つの側面を「男性の制度的特権」と「男らしさのコスト」という言葉で言い表している（Messner 1997）。

したがって、ジェンダー平等の進展は、男性たちをこれらのコストから解放してくれる。経済領域での労働責任と賃金を男女が対等に分け合うようになれば、労働時間が男性に極端に偏る状況は避けられ、男性もより親密な家族関係を築くチャンスが増加する。公的領域での権威や意志決定に関わる地位を男女で分け合うのが当たり前になれば、男性だけが過酷な競争に駆り立てられたり、弱みを見せず強がった振る舞いをしたりする必要も少なくなり、より情緒豊かで親密な人間関係を築くチャンスも増える。そして、男性が暴力の加害者や被害者になる機会も減り、男性の心身の健康の増進や平均寿命の伸長さえ期待される。

このように、社会生活の質を向上させ、十全な人間性を取り戻すために、男性はジェンダー平等を必要としているというわけである。

男性内の多様性

ところで、近年の国際社会における男性向けジェンダー政策を概観すると、男性たちの間に見られるもう1つ別の側面も強調されていることに気づく。一言で言えば、男性は多様であるという視点だ。同じ男性といっても、それぞれの生活状況は国や地域によって異なりうるし、同じ国や地域の内部でも、社会階層、人種、民族、性的指向などによって多様でありうる。しかも、そうした男性内の多様性は、横並びの違いではなく、権威や意思決定権や経済力の不平等を伴う違いである。先述のM・メスナーは、こうした側面を「男性内の差異と不平等」と呼んでいる（Messner 1997）。

こうした同性内の多様性や不平等という問題については、男性よりも女性について、主として女性の中でもマイノリティの立場にある人々から、1980年代に一足早く提起されていた（hooks 1981など）。近年の社会科学分野では、こうしたジェンダーを始めとするさまざまな属性やアイデンティティが影響し合う中で社会的不平等や権力関係が形成されている側面をとらえる際のキーワードとして、部分同士の交差を意味する「インターセクショナリティ」という言葉が用いられるようになっている（Collins and Bilge 2016）。男性対象の国際的ジェンダー平等政策においても、インターセクショナリティの視点がますます重視されつつある。

2　国連とEUのジェンダー政策における男性への焦点化

前節で述べたジェンダー平等と男性との関係をめぐる認識の転換を背景として、男性は、ジェンダー平等政策における主要なターゲットであると同時にその重要な担い手として位置付けられるようになってきた。そこで次に、国際社会のジェンダー政策におけるその動向を確認してみよう。

国連のジェンダー政策

第二次世界大戦後の国際社会におけるジェンダー平等への取り組みは、国連の主導によって展開さ

資料 3-1　国連におけるジェンダー平等へ向けた動き

1975年	第１回世界女性会議「世界行動計画」
1979年	女性（女子）差別撤廃条約採択
1980年	第２回世界女性会議（コペンハーゲン）
1985年	第３回世界女性会議（ナイロビ）
1993年	女性に対する暴力の撤廃に関する宣言
1994年	国際人口・開発会議（カイロ）「性と生殖に関する健康／権利」保障合意
1995年	第４回世界女性会議「北京宣言」
2003年	国連女性の地位向上部「ジェンダー平等における男性と少年の役割」専門家グループ会議（ブラジリア）
2004年	第48回国連女性の地位委員会「ジェンダー平等における男性と少年の役割」専門家会議（国連本部）合意文書
2014年	HeForShe キャンペーン開始

れてきた（資料３－１）。１９７５年にメキシコシティで開催された第１回世界女性会議では、平等、発展、平和への女性の寄与を謳った「メキシコ宣言」とその具体的指針としての「世界行動計画」が採択され、これに続く10年間を「国連女性の10年」とすることが宣言された。続いて１９７９年に国連総会で女性（女子）差別撤廃条約が採択され、１９８０年にはデンマークのコペンハーゲンで第２回世界女性会議が、さらに５年後の１９８５年にはケニアのナイロビで第３回世界女性会議が開催され、「国連女性の10年」の成果が総括されるとともに、「女性の地位向上のためのナイロビ将来戦略」が採択された。さらにその後も、１９９３年には国連総会で「女性に対する暴力の撤廃に関する宣言」が採択され、１９９４年にカイロで開催された国際人口・開発会議では、「性と生殖に関する健康／権利」(reproductive health/rights) の保障について合意された。

ただし、ここに紹介した最初の20年間における政策の焦点は、もっぱら不利な側の集団としての女性に当てられていた。政策文書において男性への言及がなされるのは、あくまで女性と男性の平等を目指すという文脈においてのみであり、男性を主要なターゲットや担い手とする取り組みに関する提言はほぼ皆無であった。

そうしたなか、1995年に中国の北京で開かれた第4回世界女性会議で採択された「北京宣言」の中で、国連のジェンダー平等政策文書で初めて、「男性に対し、平等に向けてのあらゆる行動に完全に参加するよう奨励する」として、明確に男性をターゲットとした文言が盛り込まれた。

北京宣言に続いて、国連のジェンダー平等政策において男性をその積極的な担い手に位置付ける具体的かつ本格的な最初の提言がなされたのが、2003年10月に国連女性の地位向上部の主催によりブラジリアで開催された専門家グループ会議「ジェンダー平等達成における男性と少年の役割」である。この会議では、「男性と男性性」研究の世界的権威の一人であるオーストラリアの社会学者R・コンネルの基調講演を皮切りに、「ジェンダー・ステレオタイプへの挑戦」「HIV／AIDSに対するケアとサポート」「HIV／AIDS予防」「労働市場と職場」「家族的責任の共有」という5つのテーマのそれぞれにおける男性と男児の役割について、各国の「男性と男性性」研究の専門家による報告と念入りなディスカッションが行われ、その成果が報告書としてまとめられた(1)。

ブラジリアでの会議での成果に基づき、翌2004年3月にニューヨークの国連本部で開催された第48回国連女性の地位委員会では「ジェンダー平等達成における男性と少年の役割」をテーマとする専門家会議が開催され、合意文書が発表された。そこでは、男性と少年（men and boys）はジェンダー平等に貢献することができること、男性と少年が、自ら責任を持って女性と少女（women and girls）とともに取り組むことが、ジェンダー平等、開発、平和の目標達成に不可欠であることなどが謳われるとともに、学校のカリキュラムをジェンダーに敏感な視点から問い直すことや、統計の整備や調査研究の促進などの具体的な取り組みを挙げ、政府や各種機関に対してそれらに取り組むことを促したのであった。[2]

さらに、その10年後の2014年9月、国連ウィメン（UN Women）の主導で男性と少年がジェンダー平等へ向けた変革の主体になることを狙ったジェンダー平等のための連帯運動 HeForShe が開始された。この取り組みは、その開始時に行われた、国連ウィメン親善大使を務める俳優のエマ・ワトソン氏から男性に向けられたスピーチによって話題となった。2021年6月の時点で、各国の首脳、財界人、著名人を含め、世界中で約225万人以上の人々が賛同の署名を行っている。[3] 2015年には、各界のトップからジェンダー平等に向けた変革を促すことを目指し、各国首脳、世界的企業のCEO、大学学長10名ずつをインパクト・チャンピオンとして選出する「インパクト・テン・バイ・テン・バイ・テン」（IMPACT 10×10×10）が開始され、日本からは内閣総理大臣（当時）の安倍晋三氏と名古屋大学総長の松尾清一氏が選出されている。[4]

HeForShe
UN Women Solidarity Movement for Gender Equality

図3-1　HeForShe のロゴ
出典：HeForShe 日本語ウェブサイトより．

ＥＵのジェンダー政策

ヨーロッパでは、国連主導の取り組みに歩調を合わせながらも、ジェンダー平等政策に男性を位置付けるための独自の取り組みも重ねられている。たとえば、早くも２００１年にはＥＵの主導によりスウェーデンでジェンダー平等と男性に関する会議が開催されており、２００６年にもフィンランドで同様の会議が開かれている（Scambor et al. 2013)。

２０００年代半ばには、ヨーロッパ5カ国による共同調査が実施されたが、そのプロジェクト名は、「ケアする男性性を育む」という意味の英語 Fostering Caring Masculinities を省略してＦＯＣＵＳ計画と呼ばれた。この計画では、ドイツ、アイスランド、ノルウェー、スロベニア、スペインの各研究機関が、各国の労働や育児に関わる実態および法制度についての知見をまとめ、私企業と公的機関を１つずつ事例として取り上げてそれぞれの職場での労働条件やワーク・ライフ・バランスに関する詳細な質的研究を行った。そして、それらの成果を各国で比較検討し、男性のワーク・ライフ・バランスを促進させ男性が育児をはじめとする家庭責任を女性と分かち合うための方策を検討した（Gärtner et al. 2006; Gärtner et al. 2007)。

またＥＵでは、２０００年代になると、必ずしも対象を男性に特化していないジェンダー平等施策において、男性に焦点を当てた記述や男性向けの提言が多く見られるようになってきた。たとえば、「女性と男性の平等へのロードマップ２００６—２０１０」(Commission of the European Communities 2006) や、それに続く「女性と男性の平等を目指す欧州委員会の戦略２０１０—２０１５」(European

Commission 2010）などの政策文書においても、学校教育からの男子の早期離脱や男性の健康問題などが言及され、男性をジェンダー平等政策に関与させることの重要性が述べられている。

さらに、2010年代になると、当時のEU全加盟国27カ国に一部のEFTA（欧州自由貿易連合）を加えた国々におけるジェンダーと男性をめぐる統計や研究成果を体系的に集約するため、「男性と男性性」研究の研究者60人以上からなる研究チームが組織された。この研究成果は、調査報告提言書「ジェンダー平等における男性の役割――欧州の戦略と展望」としてまとめられ、2012年12月に欧州委員会に提出されている（図3-2）。この報告書では、「教育」「仕事」「家事・育児」「健康」「暴力」「ジェンダー平等政策」の各領域に関して、各国における男性の状況を比較するとともに、伝統的なジェンダー役割が男性にもたらすコストと、ジェンダー平等が男性にもたらす有益性に言及しながら、ジェンダー平等に資する男性の変化を促すための実にさまざまな施策を提言している。それらの政策の多くを貫くキーワードとして、本章の第4節で述べる「ケア」が用いられている。また、単に男性一般に働きかけるだけでなく、人種や社会階層や性的指向の多様性も視野に入れて、どのような男性にどのような働きかけが必要なのかといった観点から提言している点が、特徴的である。

図3-2　欧州委員会「ジェンダー平等における男性の役割――欧州の戦略と展望」（Scambor et al. 2013）

3　国際NGOによる活動の展開

ホワイトリボンキャンペーン

一方、国連やEUのみならず、民間のNGOなどもまた、ジェンダー平等への取り組みに男性を関与させるための国際的な活動を展開している。

そうした動きの先駆けとなった活動の1つが、ホワイトリボンキャンペーン（White Ribbon Campaign: WRC）だ。これは、2001年にカナダのM・カウフマンらによって開始された、女性に対する暴力撲滅に男性が主体となって取り組む啓発活動であり、現在では世界50カ国以上でこの流れを汲む活動が展開されている。日本でも2012年にWRCの活動が開始され、2016年には一般社団法人ホワイトリボンキャンペーン・ジャパンが設立された。本書の執筆者らもこの活動に参加しており、伊藤と多賀は共同代表を務めている（WRC創設の経緯についてはKaufman（2012）、世界と日本におけるWRCの展開の詳細については多賀ほか（2015）に詳しいので、そちらを参照されたい）。

さて、WRCは、それが創設された2000年代初頭においては、男性へのアプローチの点で非常に画期的ないくつかの特徴を備えていた。WRCは、何よりもまず、女性に対する暴力をなくす取り組みの主流化を図ろうとした。それまで、女性に対する暴力の問題は、被害者女性とせいぜい加害者の男性だけの問題だと思われがちであったが、WRCはこの問題を、暴力を容認する社会の問題であり、誰もが責任を持ってその解決に組むべき課題として再提起した。

そして、意外に思えるかもしれないが、WRCは、啓発のメインターゲットを、暴力を振るう男性よりも、むしろ暴力を振るわない（と少なくとも自分では思っている）男性にした。なぜなら、女性に対する暴力の問題が社会全体で取り組むべき問題だと見なされてこなかった最大の理由の1つが、人口の約半数を占める男性たちのほとんどが、この問題を他人事と見なし、この問題に無関心であり続けたことだからである。これに対してWRCは、暴力を振るわない男性たちも、女性に対する暴力に対して沈黙し傍観者になっていることで、結果的に暴力の継続に加担しているのであり、そうした意味では彼らもこの問題の当事者であることを指摘したのだった。しかし同時に、WRCは、そのことで彼らを責めるのではなく、むしろ彼らに対してポジティブなメッセージを投げかけた。男性たちに対して、男性は女性に対する暴力に反対の声を上げる責任を負っているのであり、またこの問題の解決に貢献できるのだと訴えかけたのである。

メンエンゲイジ・アライアンス

男性に対するポジティブなメッセージによって女性の地位向上に男性を当事者として関与させようとするWRCのアプローチは、今日の国際社会におけるさまざまなジェンダー平等への取り組みへと引き継がれている。その最大規模の動きが、メンエンゲイジ・アライアンス（MenEngage Alliance）だ。(5)

これは、国際NGOであるソンケ・ジェンダー・ジャスティス（Sonke Gender Justice）(6)とプロムンド

US（Promundo-US）(7)の主導により2006年に開始されたジェンダー平等のための国際的ネットワークであり、活動の趣旨に賛同する世界各国の数百にも及ぶNGOや各種機関をつなぐプラットフォームを形成している。先述のカナダのホワイトリボンキャンペーンを含む20近くの国際NGOからなる国際運営委員会が中心となって運営されており、諮問委員会に名を連ねる国連ウィメン（UN Women）、国連人口基金（UNFPA）、国連開発計画（UNDP）、世界保健機構（WHO）といった国連関連諸機関とも連携している。

メンエンゲイジ・アライアンスの活動目的は、女性と男性の生活にジェンダーが直接影響を与えている諸課題についての啓発を行うことであり、特に次の課題に取り組んでいるという。すなわち、「性と生殖の健康／権利の促進」「HIV／AIDSの予防と治療の増進」「女性と少女に対する暴力の撲滅」「同性愛・トランスジェンダーへの偏見との闘いならびに性的少数者の権利擁護」「男性同士の暴力の縮減」「子どもの性的搾取、性的虐待、人身取引の予防」「男性が父親またはケア提供者として母親と子どもの健康に肯定的に関与することの支援」などである。

そして、彼らの活動を支える核となっているのが、「男であること」の意味の転換により、男性が女性の地位向上とジェンダー平等の担い手になれるという信条だ。ウェブサイトには、「男らしさ」に関する彼らの信念が次のように述べられている。すなわち、「男らしさ」とは、性的パートナーが何人いるかや、女性や男性に暴力を振るうことや、痛みにどれだけ耐えられるかや、他者にどれだけの権力を行使できるかや、性的指向によって特徴付けられるのではない。「男らしさ」とは、尊敬と平等に基づく関係の構築、自らの所属する社会において女性に対する暴力に反対の声を上げること、助けを求める強さを持ち合わせていること、意思決定と権力を他者と共有すること、周りの人々の多様性と権利を尊重する能力こそが「男らしさ」なのだと。

このように、男性のエンゲイジメント、すなわち男性が自らをジェンダー問題の当事者としてとらえ、ジェンダー平等の促進に自ら参画することを促すというアプローチは、今日の国際的ジェンダー平等政策を特徴付けるものの1つとなっているのである。

4　ケアする男性

ケアリング・マスキュリニティ

メンエンゲイジ・アライアンスのように、ジェンダー平等に向けた男性の変化を促すうえで、「男らしさ」を否定するのではなく、男性優位と結びついた従来の男性のあり方に替わる新しい男性のあり方を推奨するというアプローチは、近年の男性向けジェンダー平等政策においてよく見られるものである。そうした新しい男性のあり方を表すキーワードとして、近年特に用いられるようになっているのが「ケアリング・マスキュリニティ」(caring masculinities) だ。

先に紹介したように、ヨーロッパの5カ国による共同研究計画のタイトルにも、ケアリング・マスキュリニティの用語が用いられていた。また、EUの調査報告書「ジェンダー平等における男性の役割」でも、ケアリング・マスキュリニティは、稼ぎ手役割を中心とする従来の男性役割に替わって、ジェンダー平等に寄与する新しい男性モデルであるとして肯定的に言及されている。

ジェンダー平等に資する新しい男性のあり方を指すのに「ケア」(care) の用語が積極的に用いられる背景として、次のことが挙げられる。従来、ほとんどの社会で「ケア」は「女らしさ」と結び付けられ、ケアに関わる労働や行為の大部分が女性によって担われてきたが、そのことが、女性による労働の賃金を低いままとどめたり、女性を賃労働自体から遠ざけたりして社会における女性の地位向上を妨げてきた。したがって、ジェンダー平等を促進するためには、男性が「ケア」に関わる労働を女性と分かち合うことが必要である。しかし、それだけではない。本節の後半に述べるように、変化する社会においては、男性にも「ケア」にますます関わることが求められているし、そうすることが男性自身のより健康で人間らしい生活の実現にもつながるというのである。

こうして男性対象のジェンダー政策においてケアリング・マスキュリニティの用語がキーワードとなるなかで、K・エリオットは、政策における用法とフェミニズムや「男性と男性性」研究における議論をふまえて、ケアリング・マスキュリニティを「支配を拒否し、肯定的感情、相互依存、関係性などのケアの特性に関連付けられ、そうした価値を受け入れる男性アイデンティティ」であると定義している (Elliott 2016)。

ただし、「ケア」は多義的であり、さまざまな行為を指しうる概念である。今日の国際的な男性対象ジェンダー政策は、具体的にどのような態度や行為を男性のアイデンティティと結び付けようとしているのであろうか。

ケアする父親

現在までの国際的な男性対象ジェンダー政策において、「ケア」の概念は、ほぼ例外なく育児に焦点化されている。後で述べるように、育児以外のケアに注目することの重要性は述べられているものの、それらについてはあくまで付随的に言及される程度である。こうした傾向は、国連やＥＵなどの国際機関だけでなく、国際ＮＧＯなどの民間団体の活動においてより顕著に見られる。先に触れたメンエンゲイジ・アライアンスの立ち上げで主導的役割を果たした国際ＮＧＯとして紹介したプロムンドとソンケ・ジェンダー・ジャスティスが中心となって、２０１１年にメンケア（MenCare）というグローバル・キャンペーンが開始されたが、ここでも「ケア」は明らかに父親による育児に焦点化されている[8]。

こうした「ケア」の用法は、日本社会での感覚とは大きく異なっているといえるだろう。日本で「ケア」と聞けば、多くの人々は育児よりもまずは介護や看護をイメージするに違いない。なぜ国際社会と日本では、こうした違いが見られるのだろうか。少なくとも2つの理由を挙げることができる。

１つは、日本語のケアと英語のcareの用法の違いである。英語のcareという用語は、それ自体育児に特化した意味を持つわけではないが、育児を指すchildcareはcareの用語を含んでいる。他方、日本語の「ケア」は、国語辞典でも、「①介護。世話。②手入れ」（広辞苑第六版）、「①注意。用心。②

心づかい。配慮。③世話すること。また、介護や看護。」（デジタル大辞泉）というように、明確に育児を指す用語としては定義されていない。加えて日本では、男性のケアに関する国際社会の議論がほとんど知られることのないまま、まず育児に熱心に取り組む男性を指す「イクメン」が２０１０年に流行語となり、その後に介護をする男性を指して「ケアメン」が用いられるようになったという経緯もある（津止 2013）。

もう1つは、長年にわたる男性対象ジェンダー政策への取り組みを通して、政策立案者たちの間に、男性たちの関心を惹く上で「育児」や「父親」をキーワードにすることが戦略的に有効だとの確信があることだ。その好例が、父親に関する研究・政策提言・支援事業を行っているイギリスの非営利団体ファザーフッド・インスティテュート（Fatherhood Institute、以下ＦＩ）である。(9) ＦＩの共同代表で研究主任のＡ・バージェス氏は、ＦＩのあらゆる活動はジェンダー平等の理念に基づいているが、「ジェンダー平等」を前面に出すと抵抗を示す人々が少なくないし、男性たちは男（men）について語ろうとすると身構えるが父親（father）について語ろうとすると自ら近寄ってくるので、この15年くらいの間、戦略的に「ジェンダー平等」という言葉は前面に出さず、むしろ「インボルヴド・ファザーフッド」（involved fatherhood：「責任を持って熱心に育児に取り組む父親のあり方」のニュアンス）の用語を積極的に用いているという。(10)

ケア概念の拡張

このように、現在のところ国際的な男性対象ジェンダー政策においては、育児と父親業に焦点化しつつ男性が「ケア」を積極的に引き受けることが推奨されているが、他方で、先に触れたように、各政策文書においては、「ケア」を育児に限定せずより広くとらえながら男性に変化を促すことの重要性も述べられている（Scambor et al. 2013）。

第1に、家族生活や社会生活における乳幼児以外の他者に対するケアである。身体的なケアを必要としているのは、乳幼児だけでなく、障碍を持つ人や高齢者、怪我をした人や病気の人など、他にもたくさんいる。また、身体的なケアが必要でない人でも、日常生活を送るうえで家事を必要としており、心理的なケアを必要とする場合もある。このように考えると、誰もがケアを必要としており、また他者にケアを提供することが求められている。乳幼児を持つ父親だけでなく、子どもが成長してしまった父親も、父親でない男性も、そして異性愛カップルに限らない多様な家族を営む男性や単身の男性も、ケアを引き受けることが求められているのである。

第2に、職業労働の文脈におけるケア労働へのケア概念の拡張である。近年の産業構造の変化は、重工業や製造業の雇用を縮小させ、伝統的に男性に求められてきた筋力労働やものづくりに関わる職業の需要を減少させてきた。他方で、家事の市場化や、医療福祉部門、サービス業の拡大は、看護、介護、保育や各種サービス業に関わる仕事など、従来女性向きとされた、広い意味での「ケア」を業務の核とする仕事を相対的に増加させた。こうして、全体として見れば女性に比べて男性の方が雇用されている割合が多いにせよ、相対的に女性の雇用が拡大し、逆に男性の雇用が縮小する動きが見られる。このように、労働市場もまた、「ケアする男性」を求めている。男性たちが、もしそれらのケアワークを敬遠し続けるならば、今後ますます職にありつけない可能性が高まってくる。男性たちには、むしろ従来「女の仕事」だとして拒否してきた「ケアワーク」を積極的に引き受けるとともに、そうした仕事に必要なケア能力を培っていく必要に迫られている。

第3に、ケア概念拡張のもう1つの方向性は「セルフケア」、すなわち男性による自分自身のケアを含むことである。先に、「男らしさのコスト」として男性の生活の質の低さや不健康の問題を挙げた。これらは、男性がよりリスクの高い仕事に就く傾向にあることや、より長時間働くことで医療サービスを受けられる機会が減少するとともに、タフさやリスクの高い行動をとることを男らしさと同一視し、他者と情緒的関係を取り結び時には弱みを見せたり相談したりすることを男らしくないことと見なすような文化のもとで男として社会化され、セルフケアが慢性的に欠如した人生を送る男性が多いことの帰結だと考えられる。したがって、「ケア」概念を「セルフケア」すなわち、自らの心身の健康に注意を払うこと、よりリスクを冒さないこと、他者と情緒的で親密な関係を築くことへと拡大し、男性にその重要性を理解させることは、男性たち自身に直接的な利益をもたらすのである。

5　ジェンダー政策の対象としての男性

本章では、国際社会における男性向けジェンダー政策の動向を追いながら、男性に焦点が当てられるようになった背景と、それらの政策の特徴を概観してきた。

男性に焦点が当てられるようになった背景としては、少なくとも次の2点を挙げることができる。1つは、女性の地位向上のために、男性の変化が不可欠であることへの意識の高まりである。女性問題は男性と女性との関係性の中で生じていることへの気づきにより、女性のみならず男性にも変化への働きかけを行うことが、ジェンダー平等の促進に効果的であることが改めて認識された。

もう1つは、男性自身が直面する諸問題、とりわけ社会生活の質の低さや不健康への意識の高まりである。これらの問題は、男性に権威や利益が集中する社会を維持するために男性たちに負担が求められている「支配のコスト」である。このことへの気づきが、ジェンダー平等の促進は、男性たちをこうしたコストから解放し、男性たちに十全な人間性を取り戻させてくれるとの認識をもたらしたのである。

こうして男性に焦点化された近年のジェンダー政策には、少なくとも次の2つの特徴が確認された。1つは、学術的根拠に基づく政策立案である。これまでの政策提言の多くは、フェミニズムに親和的な「男性と男性性」研究の成果をしっかりと踏まえたうえで作成されている。そして、男性の方が差別されているとする「男性の権利派」のような立場に安易に流されることに警鐘を鳴らしながら、「男性の特権性」「男らしさのコスト」「男性内の差異と不平等」のそれぞれの側面に目配りするバランスの取れたアプローチが目指されている。

もう1つは、男性に変化への動機付けを与えることを狙って、実用主義的なアプローチが積極的に採用されている点である。男性のあり方に対する批判的な現状分析を踏まえながらも、具体的な政策提言や男性向けのメッセージにおいてネガティブなトーンは抑えられている。むしろ、男性が変われば女性の地位向上の担い手になれるというポジティブな側面を前面に押し出すとともに、そうした男性の変化は生活の質の向上や健康状態の改善といった利益を男性自身にももたらすことを強調している。そして、「男らしさ」自体を否定するのではなく、不平等な社会を支えてきた従来の「男らしさ」に替わって、男女平等に資する新しい理想的な「男らしさ」を男性たちに勧めるというアプローチがとられている。こうしたアプローチには批判もあるが、それへの応答は第6章で改めて行うことにしよう。

いずれにせよ、今や男性は、国際的ジェンダー平等政策において、女性と並ぶ、もう1つの対象集団であり、その推進の重要な担い手として位置付けられるに至ったのである。

注

（1） DAW (Division for the Advancement of Women), The Role of Men and Boys in Achieving Gender Equality 〈http://www.un.org/womenwatch/daw/egm/men-boys2003/〉

（２）DAW（Division for the Advancement of Women），Commission on the Status of Women 48th Session "The role of men and boys in achieving gender equality"〈http://www.un.org/womenwatch/daw/csw/csw48/Thematic1.html〉

（３）UN Women, HeForShe（日本語サイト）〈https://www.heforshe.org/ja〉

（４）UN Women 日本事務所「HeForShe：ジェンダー平等を実現するつながり」〈https://japan.unwomen.org/ja/news-and-events/in-focus/heforshe〉

（５）MenEngage Aalliance〈http://menengage.org/〉

（６）Snoke Gender Justice〈https://genderjustice.org.za〉

（７）Promundo〈https://promundoglobal.org/〉

（８）MenCare〈https://men-care.org/〉

（９）Fatherhood Institute〈http://www.fatherhoodinstitute.org/〉

（10）公益事業財団笹川平和財団「男女平等における男性の役割」事業開発における欧州現地調査に参加した際、2017年3月1日、ロンドンにあるバージェス氏の自宅で同行者2名とともに実施した。貴重な機会を与えてくださった笹川平和財団にこの場を借りてお礼申し上げる。

❖コラム3　パパは「自立した育児担当者」へ（ドイツ・ベルリン）

2017年2月、ドイツ初の父親支援の拠点施設である「ベルリン父親センター」（Väterzentrum Berlin）を訪問した。ブランデンブルク門から北東に4㎞ほど離れた旧東ベルリン地区にある。日本の自治体が設置する男女共同参画センターのような大きな施設をイメージしていたが、ビルの1階だけを使用したコンパクトな施設だった。行政からの助成金を得てはいるが民設民営である。

入り口のドアを開けると、センター長のエバーハート・シェーファー（Eberhard Shäfer）さんが満面の笑顔で出迎えてくれた。部屋を見渡すと、思い思いの場所で、子どもたちがおもちゃで遊んだり、父親に絵本を読んでもらったりしており、父親同士もリラックスした様子で楽しそうに談笑していた。

センターが開設されたのは、そのちょうど10年前の2007年1月。当時ドイツでは、父親の育児参加の重要性が語られてはいたものの、父親の育児参加を支援するための社会の体制は整っていなかった。当時の父親の育児休業取得率は3％台で、父親の育児参加はあまり進んでおらず、子育て関連の行事を開催しても参加する親の8割以上は母親だった。そこで、父親支援のニーズが潜在的に存在すると考えたシェーファー氏らは、父親を子育てへと引きつける支援のあり方を模索し、父親たちが集うセンターを作るという発想に行き着いたのだという。

センターの活動は、大きく分けて3つの柱からなる。1つは、パートナーが妊娠中の男性、いわゆる「プレパパ」を対象とした1回3時間の講習。2つめは、父親たちと子どもたちに集いと交流の場を提供する活動。そして3本目の柱が相談事業である。1年間に約1000人のクライエントが相談に訪れるが、そのほとんどが離婚に関わる相談だという。ドイツでは、離婚後の父親に対する法律相談はあちこちで行われているが、心理的な相談事業は珍しいという。他にも、育児と仕事の両立講座、女性のための男性理解講座、父親支援の専門家養成講座、性的マイノリティの親の自助グループなどの支援事業を行っている。

シェーファー氏によれば、10年前と現在とで、ドイツの父親たちと彼らを取り巻く社会の雰囲気は大きく変わったという。当時は、育児休業はキャリアにダメージを与えるという考え方が強く、育児休業を取得して子育てする父親は「母親がすること」をしている特殊な存在と見なされていた。父親同士が交流することは少なく、妻の指示のもと孤立して育児をしながら一人で思い悩むことが多かったという。

しかし現在では、育児休業が男性のキャリアにダメージを与えるという考えは薄れており、父親にとっての育児は、母親の役割の肩代わりなどではなく「どの父親でもすること」と見なされつつある。そして、少なくともセンターに集う父親たちを見る限り、彼らは、互いに悩みを語り合ったり情報交換をしたりしながら、母親のサポート役にとどまらない「自立した育児担当者」として、主体的に「父親としての育児」を実践している。

ドイツは、EU諸国の中では比較的「男性稼ぎ手」意識が強く男女賃金格差が大きい国の1つだ。また、日本で2010年に導入された「パパ・ママ育休プラス」を伴う育児休業制度は、2007年にドイツに導入されて父親の育児休業取得率を押し上げるのに一役買ったとされる「両親手当」（Elterngeld）に似た制度である。そうした意味で、ドイツと日本は、仕事と子育ての分担をめぐる社会的状況に関していくつもの類似点を持ち合わせている。それにもかかわらず、日本の父親の育児休業取得率が2021年でいまだ12％台（現地調査時の2017年には7％台だった）にとどまっているのに対して、ドイツのそれは2007年から2014年までのわずか8年間で3％台から34・2％へと30ポイント以上も上昇した。この違いはどこから来ているのだろうか。ドイツの父親支援活動から日本が学べることは多そうだ。

第4章　先進地の事例から――スウェーデン

本章では、ジェンダー平等やSOGI平等の先進国であるスウェーデンにおける、男性を対象とする政策（男性ジェンダー政策）を含むジェンダー政策について、筆者らの調査で得た知見を含めながら、整理したい。[1][2] スウェーデンは、行政においても市民活動においても、男性ジェンダー政策や施策に意欲的であり、世界初の取り組みも多い。そこで、まずスウェーデンにおけるジェンダー平等やSOGI平等の全体について概括する。その上で、具体的な男性ジェンダー政策や施策などについてみていきたい。

SOGI（ソギ、もしくはソジ）とは、性指向（Sexual Orientation）と性自認（Gender Identity）のことである。性指向は、恋愛や性的欲望がいずれの性別に向くか示すものである。これは、必ずしも1つの性別にのみ向くのではなく、同時に複数の性別を対象にすることも、また、どのような性別の人にも恋愛感情や性的欲望も持たないアセクシュアル（エイセクシュアル、asexual）の場合もありうる。性自認とは、性別に関する自己認識（女性か、男性か、どちらでもないのか、わからない、決めたくないなど）のことである。本章では、ＳＯＧＩに敏感な視点を取り入れたいと考えている。ＳＯＧＩに敏感な視点(SOGI sensitive)とは、ＳＯＧＩにおける平等(ＳＯＧＩ平等)を実現しようとする視点のことである。また、ＳＯＧＩ平等(SOGI equality)とは、人間の尊厳を基礎とし、個々人の性指向、および性自認を含む性同一性の認識を理由にした差別や偏見、排除の構造が撤廃された状況のことである。

本来であれば、ＳＯＧＩ平等もＳＯＧＩに敏感な視点も、それぞれ、ジェンダー平等、ジェンダーに敏感な視点に含まれよう。しかし、現段階では、ジェンダーでまとめてしまうと、シスジェンダーや異性愛を前提とする議論、すなわち、シスジェンダー主義やヘテロセクシズムに陥りかねない。そこで、双方を適宜用いながら、スウェーデンの男性ジェンダー政策を含むジェンダー政策について述べたい。なお、シスジェンダー(cisgender)とは、出生時に割り当てられた性別と、性自認を含む性同一性が一致していること、あるいはそのような人のことである。

前置きが長くなってしまったが、それでは本題に入ろう。

1　スウェーデンにおけるジェンダー平等、ＳＯＧＩ平等への歩み

ジェンダー平等、ＳＯＧＩ平等の先進国　スウェーデン

北欧の国、スウェーデン王国(Konungariket Sverge)は、ストックホルムを首都とする立憲君主制、議会制民主主義の国である。国家元首は国王で、２０２２年3月末現在、カール16世グスタフ(Carl

XVI Gustaf）である。ヨーロッパ随一ともいえる森林資源と鉄鉱石に恵まれ、それらを背景に、北欧最大の工業国となっている。公用語はスウェーデン語であるが、英語も広く用いられている。

総面積は約45万㎢、人口は1045万2326人（2021年）で、これも北欧最大である。面積は日本の1・8倍であるのに対して、人口は10分の1ほどである。そして、北極圏を中心に、先住民のサーミ（Sami）が2万人前後おり、伝承文化の継承などが行われている。また、スウェーデンは、北欧でも移民や難民の受け入れに寛容な国であり、全人口の約1／4の26・3％（2021年）が、外国にルーツのある人たちである。(3)

スウェーデンというと、その充実した社会福祉サービスが有名であるが、それと同時に、ジェンダー平等の先進国でもある。世界経済フォーラムによる2021年のGGGI（グローバル・ジェンダー・ギャップ指数）では、世界第5位（日本は120位）である。そして、スウェーデンは、LGBTに関して世界で最も開放的で寛大な国であるとされている」（Nordberg 2009）。スウェーデンの憲法を構成する基本法の1つである統治法において、2011年以降、性別のみならず、性指向による差別も禁止している（第1章第2条）。また、1978年に同性カップルの法的保護がはじまり、2018年には、同性間の法律婚も可能となった。そして、釜野によると、同性カップルが子どもをもち、育てることを想定した制度も整いつつあるという（高橋 2021）。なお、スウェーデンの憲法は、王位継承法のほか、統治法、出版の自由に関する法律、表現の自由に関する基本法の4つから構成されている。

政治の分野をみると、列国議会同盟のデータ（2021年）によれば、一院制であるスウェーデンの女性議員の割合は47％で世界7位、日本は9・9％（衆議院）で166位と大きな差がある。なお、スウェーデンでは、法律によるクオータ制を採用していないが、各政党が自主的にクオータ制を導入している。スウェーデンの政党によるクオータは、政党綱領によるものと、政党内の合意により推進するものとがある。

また、労働分野を見ても、スウェーデンの女性の労働力率（生産年齢15～64歳人口）は79・8％、管理職比率は37・1％、取締役比率は28・8％と、OECD諸国でもトップクラスである。一方、日本は、順に、66・0％、11・3％、3・1％とOECD内では低位が続いている（労働政策研究・研修機構 2014）。そして、男性の賃金を100とした場合、スウェーデンでは、女性の賃金は90・1（2019年）と、賃金格差はかなり縮小している。しかし、賃金や管理職へ登用におけるジェンダー平等については、行政などの公共セクターと民間企業の間には格差があり、問題となっている。

教育の分野も見ておこう。大学（日本でいう4年制大学）への女性進学率は、OECDのデータで、スウェーデンは60％でトップである。一方、日本は、OECD最低の45％で、OECD平均の54％よりも10％近く低い。

そして、ジェンダー平等に関する研究などを推進するために、ヨーテボリ大学に、スウェーデンジェンダー研究事務局（Nationella sekretariatet för genusforskning）や、クヴィンサム―ジェンダー研究のためのナショナル・ライブラリー（KvinnSam-Nationellt bibliotek för genusforskning）が設置されている。その他にも、スウェーデン・アカデミーは、同アカデミーが編集しているスウェーデン語辞典『SAO

L（Svenska Akademiens ordlista）』の第14版から、ジェンダー・ニュートラルな三人称単数の代名詞として「ｈｅｎ」（ヘン）を新たに追加している（大山 2019b）。

ところで、スウェーデンにおいて、ＤＶは、ひろく〝親しい間柄〟（nära relationer）にあったパートナーの間の暴力とされ、異性間のみならず、同性間の場合も、ＤＶとして扱われる。まず、１９８８年に「訪問禁止に関する法」（Lag om besöksförbud）が成立した。これは、日本のＤＶ防止法とストーカー母子法を合わせたようなものである。１９９８年に「女性の安全法」（Kvinnofrid、「女性に対する暴力禁止法」とも）が施行された。さらに、刑法典（Brottsbalk）第4章4条ａの第2項に「ＤＶ罪」（grov kvinnofridskränkning）が定められている。男性被害者への救済は、同じく第4章4条ａの第1項が適用される。ＤＶ罪は、スウェーデンでは珍しくジェンダー・ニュートラル化されておらず、女性への暴力が犯罪であることを示す象徴的存在である（矢野 2005）。そして、２０１８年、刑法典（第6章1条（1））が改正され、明確な同意のない性行為はレイプとなった。ちなみにスウェーデンにおける性的同意年齢は15歳（日本は13歳）である。

また、スウェーデンでは、買春も犯罪化されている。１９９９年、「買春禁止法」（sexköpslagen）が制定され、売春ではなく、買春を違法とした初めての法律である。その後、２００５年に刑法典（6章第11条）に組み込まれた。

スウェーデンにおけるジェンダー平等やＳＯＧＩ平等について述べてきた。そのあゆみは順調のように思えるが、実は、長い時間をかけて達成してきたものである。資料４－１の年表は、そのスウェ

資料4-1　スウェーデンにおけるジェンダー，SOGI 平等年表

1884年	フレデリーカ・ブールメル協会発足
1901年	無給の出産休暇制度導入
1919年	女性参政権獲得
1921年	法的な男女平等，成人権獲得
1933年	RFSU（スウェーデン性教育協会）発足
1935年	老齢年金の男女同額化
1939年	妊娠ならびに出産による解雇の禁止
1945年	18歳以上の同性愛の非犯罪化
1947年	子ども手当制度導入
1950年	RFSL（現・HBTQ の権利のための全国協会）発足
1955年	母親休暇 3 カ月有給となる
1958年	スウェーデン国教会（当時）の牧師に女性もなれる権利獲得
1960年	男女同一賃金制導入
1962年	同一労働同一賃金の原則導入
1960年代頃から，両親保険の準備が開始される	
1963年	母親休暇有給 6 カ月に延長
1964年	経口避妊薬の解禁
1968年	グループ・オッタ発足
1970年	国家公務員に子どもが12歳に達するまで労働時間短縮の法制化
1971年	課税単位の変更（課税単位を夫婦単位から個人単位へ）
1974年	育児休職制度の対象が母親から両親へ移行
	両親保険法（両親ともに育児期間中の所得補償を受けられる制度。世界初）
	子どもの看護休暇（年10日）導入
1975年	就学のため休業する権利獲得
	人工妊娠中絶が合法となる
1976年	両親休暇法（両親ともに最長 7 カ月の完全休暇取得可能に）
	新婚姻法制定
	サンボ法，ホモセクシュアル・サンボ法制定
1978年	両親休暇 9 カ月に延長
	刑法で性指向による差別を禁止する
1979年	男女雇用機会均等法の制定（世界初の男女雇用機会均等法）
	王位継承法が男子優先から長子優先となる
	子育て目的とした労働時間短縮の権利
1980年	両親休暇12カ月に延長・出産に伴う10日間の父親休暇
	機会均等オンブズマン設置
1982年	苗字について夫姓優先の廃止，平等化
1983年	男女雇用機会均等法改正（全ての職業の門戸を女性に）

	労働市場省に男性の役割を考える会を設置
1984年	『スウェーデンの男性』出版
1986年	ヨーテボリ市が男性のための危機センターを設置（世界初）
1988年	女性の安全法制定 訪問禁止に関する法律制定（内容的には，日本の DV 防止法とストーカー防止法を併せたようなもの）
1990年	子ども看護休暇 4 カ月に延長 ボーイズ・クリニック設置
1991年	機会均等法の制定（男女雇用機会均等法の改正）
1993年	政府は男性の育児参画の拡充を目指して「父親・子ども・仕事生活」ワーキングチームを設置
1995年	両親休暇法の改定（育休の期間を合計480日に）
1995年	パパクオータ制度の導入（育休期間の一定期間を父親に割り当て，世界初）
1997年	スウェーデン男性のための危機センター協会発足
1998年	女性に対する暴力禁止法制定
1999年	性指向オンブズマン設置（世界初） 買春が犯罪化される
2000年	両親休暇16カ月に延長
2003年	サンボ法が統合される
2005年	ストックホルム南総合病院に，女性のためのレイプ緊急外来を設置
2006年	両親休暇17カ月に延長，両親休暇取得に関するいかなる差別も禁止 幼保が一元化され，教育省の管轄となる
2008年	差別法の制定（機会均等法の 7 つの法律を統合し，性別・人種・宗教等による差別禁止） 平等ボーナス法（両親の平等な育児休業取得促進に向けて，休暇取得の配分が均等に近いほど高額な給付を両親手当に増額する制度）
2009年	平等オンブズマン設立（オンブズマンによる差別の監視制度）
2012年	両親休暇18カ月に延長
2013年	スウェーデン教会のトップ，首席大監督に，女性が就任する
2014年	両親休暇のうち384日は，子どもが 4 歳まで，96日は，12歳まで取得可能に 「フェミニスト政府」宣言（世界初）
2015年	ストックホルム南総合病院のレイプ緊急外来が，男性の受け入れも開始（世界初） パパクオータが90日に延長される
2017年	徴兵制復活（18歳以上の男女対象）
2021年	女性初の首相，およびオープンリー・トランスジェンダーの閣僚が誕生

出典：高端ほか（2011），田中（2017），三瓶（2017）などを参照しつつ作成.

ーデンにおけるジェンダー平等やSOGI平等の歩みについて、子育て支援なども含めてまとめたものである。

政治とジェンダー平等、SOGI平等

スウェーデンでは、スウェーデン社会民主労働党（社民党）を中心とする中道左派連合（赤緑連合）と、穏健党を中心とする中道右派連合（アライアンス）のいずれかが政権を担ってきた。しかし、いずれが政権を取ろうと、ジェンダー平等政策には力を入れている。

第二次世界大戦後、社民党が長らく政権の中核を占め、野党のときでさえも、議席数では第一党であり続けた。そのため、スウェーデンの政治は、つねに社民党から強い影響を受けることとなる。石原によると、社民党は、自らを階級政党ではなく、国民政党と位置付け、修正主義的社会主義路線を取っているという（石原 2009）。

また、スウェーデンの政治の特徴は、妥協の政治、コンセンサス・ポリティクスであるといわれている。スウェーデンが高福祉を高い税負担で支える社会である以上、有権者はより実利、実益を求めるであろう。そのため、妥協によって合意形成によって、結果を出そうとする。社民党も「事実と検証、現実と妥協を感情論や思想純度より優先させる」というプラグマティズムを伝統としている（岡沢 1991）。そして、コンセンサス・ポリティクスの深化は、左右の政党間の差異を小さくし、妥協の余地をさらに大きくしている。その結果、政権が交代しても、政策が大きく変動することが少ない。こ

うした社民党のプラグマティズムと、コンセンサス・ポリティクスは、ジェンダー平等政策を支えてきた要因の1つといえよう。

ところで、2014年10月に成立した赤緑連合のローベン内閣は、世界で初めて、フェミニスト政府（feministisk regering）を宣言し(4)、ジェンダー平等の実現は、民主主義と正義の問題であり、成長と経済発展に不可欠であると明言した（三瓶 2017）。そして、2030年までに男女の格差を是正することを目標に掲げている。その宣言にふさわしく、政府の大臣ポスト22のうち、半分の11に女性を任命した。

ジェンダー平等政策を推進するために、スウェーデンもまた、ジェンダー平等大臣を置いている。また、2007年から2010年までの中道右派政権であるラインフェルト内閣においては、「統合とジェンダー平等省」（Integrations- och jämställdhetsdepartementet）が設置されていた。そして、その担当大臣には、国民自由党所属で、アフリカ系の女性、サブニ（N.A. Sabuni）が抜擢され、大きな話題となった（三瓶 2017）。その後、ジェンダー平等は、省庁をまたがる総括的な政策課題と位置付けられ、1つの省庁でこそなくなったが、担当大臣は置かれ続けている。さらに、2014年からは、政府機関におけるジェンダー主流化（Gender Mainstreaming in Government Agencies: GMGA）のプログラムが導入されており、ジェンダー政策の主流化が推進されている。

こうしたジェンダー平等は、外交政策にも及び、これも世界で初めて、フェミニスト外交政策（feministisk utrikespolitik）を掲げたことにも表れている。それに基づき、外交官の採用や外交団の選任におけるジェンダー平等[5]、リプロダクティブ・ヘルス／ライツに関するＯＤＡの増額などが行われている[6]。

そして、２０２１末に成立した社民党政権において、アンデション（M. Andersson）が、女性として初めて首相となった。また、彼女は、オープンリー・トランスジェンダーである、シールブロム（L. A. Kihlblom）を、教育省（Utbildningsdepartementet）の大臣ポストの1つである、学校相（Skolminister）に任命した。このような人事は、スウェーデンのＳＯＧＩ平等の成果であるとともに、そのさらなる進展が期待される。アンデション内閣の女性閣僚は、シールブロムを含め、23名中12名となった。なお、ジェンダー平等大臣、正しくは労働市場とジェンダー平等大臣（Arbetsmarknads- och jämställdhetsminister）であるが、それは女性のノルドマルク（E. Nordmark）である。

また、スウェーデンでは、ジェンダーやＳＯＧＩによる差別は、現在、雇用、教育、社会保障制度などにおいて、直接、間接に関わらず、２００９年の新しい「差別禁止法」（Diskrimineringslagen）によって禁止されている。この法律は、①性別（kön）、②性同一性および性表現（könsöverskridande identitet eller uttryck）、③エスニシティ（etnisk tillhörighet）、④宗教やその他の信念（religion eller annan trosuppfattning）、⑤障がい（funktionsnedsättning）、⑥性指向（sexuell läggning）、⑦年齢（ålder）による差別を禁止するもので、従来、分野ごとに存在していた差別禁止法を統合し、②性同一性および性表現と、⑧年齢を加えたものである。同法によって、雇用主（25名以上）は、3年ごとに、ジェンダー平等全般に関する計画の策定が求められるようになった。他にも国の機関として「差別防止委員会」

(Nämnden mot diskriminering) が設置され、同法に違反した企業や教育機関などに罰金を科すことも可能となった。そのため、企業や組織のジェンダー平等計画についてアドバイスする、コンサルタント会社も登場した（三瓶 2017、本書第6章参照）。

立憲君主制であるスウェーデンにおいて、王室の存在は無視できない。国王は国家元首であるが、象徴的存在で、儀礼的職務のみを行う。これは日本と同じであるが、スウェーデンでは形式的な官吏の任命権も失っており、この点では大きく異なる。

くわえて、スウェーデンでは、王位の継承もジェンダー平等となっている。1979年に王位継承法が改正され、男子優先から長子優先となった。そのため、皇太子は第一子のヴィクトーリア王女である。ちなみに、彼女の夫君であるダニエル王子は一般市民の出身である。そして、二人の長子はエステル王女であり、スウェーデンは二代続けて女王を戴くことになりそうである。また、長男のカール・フィリップ王子と次女のマデレーン王女は、結婚後も王室に留まり、活躍をしている。

宗教もまた社会的、政治的に重要な要素である。国民の過半数が信徒であるとされるのが、プロテスタント・ルター派であるスウェーデン教会（Svenska kyrkan）である。2000年、政教分離により、国教会ではなくなった。同教会は現実的で、自由を求める改革に対しても、強い反対を唱えることが少ない。それは、人口妊娠中絶やLGBTQの権利などでも同様である。

1960年から女性を牧師に叙任するようになり、2020年には女性の聖職者の数が50・1%となった。さらに、2013年、教会のトップである首席大監督に、ヤケレン（A. Jackelén）が女性として初めて就任した。また、カミング・アウトをしている聖職者も多く、その代表が、ブルンネ（E. Brunne）である。彼女は、世界の主要なキリスト教派の中で初めて、レズビアンをカミング・アウトした聖職者として、司教に任じられた人である。このようにジェンダー平等やＳＯＧＩ平等が進む一方で、女性聖職者の報酬は、同職の男性よりも低いままと、問題も残されている。

このように、スウェーデンの政治においては、ジェンダー平等やＳＯＧＩ平等への、強い政治的な意志（ポリティカル・ウィル）を感じることができる。

ジェンダー平等政策とオンブズマン

スウェーデンにおいて、ジェンダーやＳＯＧＩの平等において、オンブズマンが果たしている役割は大きい。なお、日本でオンブッドとも言うが、スウェーデンではまず用いられないため、本章では、そのままオンブズマンとする。

オンブズマンは、１８０９年、世界で初めてスウェーデンにおいて制度化されたもので、この用語自体がスウェーデン語である。オンブズマンとは、行政機関などによって国民の権利や利益が侵害された時、その苦情を受け付け、行政機関とは独立した立場から調査し、救済の勧告をする役割を担う人のことである。

スウェーデンには、議会が任命する「議会オンブズマン」（Justitieombudsmannen: JO）と、政府が任命する専門オンブズマンとがある。専門オンブズマンは、特定の分野のみを管轄するものである。ジエンダー平等については、１９８０年に「機会均等オンブズマン」(Jämställdhetsombudsmannen: JämO)が、性指向については、１９９９年に「性指向オンブズマン」(Ombudsmannen mot diskriminering på grund av sexuell läggning: HomO) がそれぞれ設置された。なお、性指向オンブズマンの略称はＨｏｍＯであるが、スウェーデンでは、ｈｏｍｏという用語に侮蔑的、差別的なニュアンスがなく、一般的に使われている。ＬＧＢＴＱのことを、ＨＢＴＱ（ホー・ベー・テー・クー）ということも多い。

この新しい差別禁止法に合わせて、前記２つを含む４つのオンブズマン[7]が統合され、「平等オンブズマン」(Diskrimineringsombudsmannen: DO)[8] となった。平等オンブズマンの活動の根拠となる法律は、差別禁止法のほかに、平等オンブズマンに関する法律（Lag om Diskrimineringsombudsmannen）と、両親休業法（Föräldraledighetslag、育児休業法とも）がある。ＤＯは、男女平等の問題も扱うため、育児休業法も含まれているのである。また、ＤＯは、議会オンブズマンと異なり、行政機関のみならず、企業など民間による差別も対象である。そのため、より広く差別問題に取り組むことができるのである。

ＤＯが担当する差別は、差別禁止法で禁止されている７つの分野すべてに亘る。そのため、ＤＯは、インターセクショナルな、複数の差別問題を含むケースをあつかう場合に、より効果的な組織となったといえる。たとえば、障がいのある高齢のレズビアンの女性に対する差別問題の場合、領域ごとにバラバラに対応されるよりも、ワンストップですべてが考慮され、救済が行われる方が、本人の負担も少なく、よりよい解決に結びつくであろう。

また、性指向オンブズマンであったイッテベリ（H. Ytterberg）は、筆者によるインタビュー（２０１

8年9月、ストックホルム）において、HomOが、現在のDOに統合されたことについて、肯定的に評価している。同時に、個別のオンブズマンとして存在したことの意義についても強調することを忘れなかった。すなわち、それは、スウェーデン社会において、性指向による差別問題に対する認識を高めることに成功したこと、そして、個々の領域の差別問題が、まずはきちんと認識されてはじめて、現在のDOのような総合的な対応が可能であったということ、である（大山 2019a）。この指摘には聞くべきものがあろう。なお、彼は、2016年から、差別禁止委員会の委員長も務めている。

ちなみに、専門オンブズマンには、平等オンブズマン、子どもオンブズマン（Barnombudsmannen、1993年設立）などがある。

スウェーデンの家族政策とジェンダー

ジェンダー平等の実現にとって家族政策は極めて重要な要素である。スウェーデンの家族政策には、次の4つの特徴がある。それは、（1）子育てを社会的に位置付け、労働生活と子育ての両立が無理なくできるように、さまざまな制度が整えられていること、（2）家族法は、人々の共同生活に対して中立でなければならないとする「ライフスタイルの中立性」が根本理念となっていること、すなわち、多様なライフスタイルが容認され、同性間の結婚など、異性カップルによる法律婚以外のパートナー関係についても、法的な保護がなされていること、（3）親の婚姻関係の有無が子どもの法的・社会的地位にほとんど影響しないこと、そして、父親の確定や、親の離別後の子どもの監護・居住・交流が、子どもの最善利益（barnets bästa）の視点で考慮されること、（4）高齢者に対する福祉が家族政策に含まれないこと、である（善積編 2004）。本章では、主に（1）と、（2）（次項）について触れたい。[9]

さて、ワーク・ライフ・バランスが先進国において共通認識となる前から、スウェーデンは、男女の区別なく、「家庭と仕事の両立」というビジョンを打ち立て、「稼得・ケア共同型」（dual earner, dual carer）に向かっていった（高橋編 2021）。両親休業法に基づき、就労する親は、子どもが1歳半に達するまで休職する権利と、子どもが8歳に達するまで（あるいは小学校1年生を終えるまで）、労働時間を所定労働時間（フルタイム）の75％まで短縮する権利が保障されている。さらに、主に次のような3つの支援が行われている。それは、①両親保険制度、②児童手当、③保育サービスである。なお、ここでいう親とは、生物学的な親だけないことには注意が必要である。

両親保険制度（föräldraförsäkring）は、育児休業に伴う現金給付制度で、1974年に、妊産婦保険に代わって導入されたものである。男性も対象となったこと、すなわち、ジェンダー・ニュートラル化したことは、世界初である（善積 2013；高橋編 2021）。1972年に政府が設置した家族政策委員会が、父親の子育てへの積極的な関わりの必要性を唱えたことによる。その中心となる両親手当は、育児休暇中の収入を補塡するものである。当初は、子どもが8歳となるまで、有給（所得の90％）の育児休暇を180日取得できるというものであった。その後、さまざまな改正が行われ、現在、両親合わせて480日間の有給の育児休暇を取得できる。この休暇は、時間単位でも利用可能である。390日間は所得の約80％で（上限は1日1012SEK、約1万3200円、2022年4月末現在）、残りの90日間は一律1日180SEK（同じく、約2350円）が支給される。それぞれ、シングル・ペアレントの場合、1人で480日間取得できる。さらに、両親が30日間を上限に同時に休暇を取ることもできる。また、保険制度には、両親手当の他に、妊婦手当、看護休暇（子どもの病気の看護のため）、有給（所得の80％）の「10日休暇」（10-dagar、出産を挟んだ10日間、出産の立ち合いなどのため）がある。

しかし、実のところ、男性による両親保険制度の利用は長らく低調であった。そのため、篠田によると、1990年代は、男性への働きかけが家族政策の中心となったという（レグラント塚口編 2012）。1995年、両親それぞれに30日間の割当期間が設けられ、2002年には60日に延長された。いわゆるパパ・クオータ（パパの月）である。これは、1993年にノルウェーで初めて導入されたものである。この権利はパートナーに移譲できず、消滅してしまう。そのため、男性の育児休暇取得を強力に後押しするものとなっている。このような取り組みの結果、育児休暇全取得日数のうち、男性が取得した日数は、2020年では30％を占めるまで改善された（高橋編 2021）。

児童手当は、16歳未満のすべての子どもに支給されるものである。親の所得による制限は受けない。

一方、保育サービスもまた充実している。まず、1975年に施行された就学前学校法（förskolelagen）は、公的保育の目的にジェンダー平等や社会的平等などを挙げ、6歳児までの保育の責任を基礎自治体であるコミューン（kommun）に課した。さらに、1995年の改正で、コミューンの責任が強化され、就労あるいは就学中の親を持つ子どもに対して保育の場を提供することが明記された。そのため、日本でしばしば問題となる待機児童などは存在しない。翌1996年には、それまで社会省（Socialdepartementet）の管轄であった保育が、教育省に移管され、就学前の保育は、就学前教育と位置付けられ、就学前学校（förskola）と総称されるようになった。このような教育とケアの一体性を、「エデュケア」と呼ぶこともある（白石 2009）。

現在、学校法（Skollagen）に基づき、すべてのコミューンは、1歳から12歳までの子どもに対して、就学前保育と学童保育を提供する義務を負っている。つまり、保育サービスを受けることは、子どもの権利なのである。さらに2001年以後は、失業中あるいは子育て休業中の親のいる子どもに対して、1日3時間以上、1週間に15時間以上、保育所に通う権利が与えられている。また、スウェーデンでは、0歳児保育はほとんど見られない。なぜなら、0歳児の場合、親が両親保険制度に裏打ちされた育児休暇を利用し、自宅で子育てをするからである。そして、スウェーデンにも、就学前学校や、学童保育である「余暇センター」（fritidshem）以外での保育も存在している。たとえば、保育士が自宅で提供する保育サービスなどは、教育的ケア（pedagogisk omsorg）として位置付けられている。(10)

なお、スウェーデンにおいて、男性が育児休暇の取得が進む背景には、そもそも労働時間が短く、有休休暇も長いことなどあると思われる。

さまざまな結婚のかたち、家族のかたち

前項で、スウェーデンの家族政策の特徴の1つに、ライフスタイルの中立性が家族法の根本理念に

あり、多様なライフスタイルが容認され、同性間の結婚など、異性カップルによる法律婚以外のパートナー関係についても、法的な保護がされていると触れた（善積 2013）。また、日本では、結婚≒法律婚であるが、欧米諸国において、結婚は3層構造になっている。すなわち、①法律婚、②法律婚に準ずる地位を認める諸制度による結婚、③事実婚である（大山 2016）。スウェーデンには、「サンボ」(sambo) という法定同棲の制度がある。これは、②の法律婚に準ずる地位を認める諸制度にあたり、事実婚である同棲とは異なる。

スウェーデンでは、1945年に18歳以上の同性愛関係が非犯罪化されたが、法的に認められるようになったのは、1970年代以降である。そして、1987年には、刑法に性指向による差別を禁止する条項が追加された。1988年に施行されたホモセクシュアル・サンボ法からは、同性カップルの法的保護も行われるようになり、2003年には異性カップル向けの制度と統合、ジェンダー・ニュートラル化されて、現在に至っている。

なお、サンボは、婚姻や離婚の手続きが簡単であるなど、法律婚に比べて手軽で利用しやすい制度である。そのため、スウェーデンでは、異性、同性いずれのカップルでも、いきなり法律婚をするのではなく、まずはサンボを選ぶことが多い。すなわち、サンボはいわゆる〝お試し婚〟的な利用もされており、異性カップルでみると、サンボカップルから生まれる子どもの割合は5割を超え、法律婚カップルよりも多い。サンボは、結果的に、出生率の向上に貢献しているといえよう。(11)

そして、2009年には、中道右派政権のもとで、ジェンダー・ニュートラルな婚姻法（Äkenskapbalk）

が成立し、同性間の法律婚が可能になった。それに伴い、「父」、「母」という名称も、ジェンダー・ニュートラルな「親」という表現に改められた。また、10日間の「父親休暇」も、ジェンダー・ニュートラルな「10日休暇」となった。

ところで、世界で初めて同性間の法律婚を実現したのはオランダである。しかし、オランダを含め同性間の法律婚を認める国のほとんどは、宗教団体の司婚権を否定し、市民婚を採用している。しかし、スウェーデンでの婚姻法は、宗教団体の司婚権を残したまま、同性間の法律婚を認める制度とされた。それを受けて、スウェーデン教会は議論の末、世界の主要な宗教団体の中で初めて、同性間の法律婚を承認することになったのである。

そして、スウェーデンでは、子どもを持つ同性カップルも多い。２０１３年の政府統計によれば、１３００組の子どもを持つ同性カップルがいるという。現在、同性カップルによる共同養子縁組も、パートナーの連れ子の養子縁組も可能である。また、生殖補助医療については、２００５年から、女性の人工授精（ＭＡＩ）と体外受精（ＩＶＦ）が認められた。さらには、男性カップルの場合、スウェーデン国内では禁止されているが、代理母出産（サロガシー）が可能な国で依頼し、子どもを得て、子育てをしている例もある（みっつん 2019）。もちろん、サンボや法律婚をしている同性カップルにも、両親保険や子育て休暇制度も適用されている。

2　スウェーデンにおける男性対象のジェンダー政策の誕生と展開

1980年代に始まった政府の動き——男性の役割を考える会

ジェンダー平等の先進国であるスウェーデンは、女性の労働参加やそれを支える社会サービスの拡充とともに、男性に対するジェンダー政策という点でも、大きな成果を生み出している。

男性に対するジェンダー政策のスタートは、1980年代に遡る。1980年、政府のジェンダー平等委員会は、男性の労働生活と家庭生活における意識と実態についての調査を開始した。この調査は、5000人の成人男性を対象とする質問紙とインタビュー調査からなり、その結果は、1984年『スウェーデンの男性』（Den svenske mannen）という1冊の本にまとめられた。この調査で明らかになったことは、ジェンダー平等が進む中で、変化への対応に男性たちは困難を感じており、仕事と家庭責任を平等にするためには、男性たちが現在抱えている生活条件や価値観にもっと注目する必要があるということであった（ヤンソン 1987）。つまり、スウェーデンは、この時点で、メンズクライシスの発生と、それへの対応の必要性を認識し、実態調査をしていたのである。

この調査の結果をふまえ、1983年、ジェンダー平等大臣のグラディン（A. Gradin）は、労働市場省内に、「男性の役割を考える会」（Arbetsgruppen om mansrollen）を設けた。これは、ジェンダー平等を実現させるために、男性の役割を考え、男性たちの参画を促す提言をする作業グループであった。

メンバーは、男性7名、女性5名と、男性が多数を占めた。その後、1987年4月に、正式な政府の委員会となった。1985年には、『変わる男性の役割――男性の役割を考える報告書』（以下、報告書）を提出した。その内容については、善積が英語概要版の抄訳をし（善積 1989）、また、ヤンソンが詳しく紹介している（ヤンソン 1987）。

報告書の内容は多岐にわたっている。その中で、まず、男性支配のシステムや伝統的な男性の役割やありようは、女性にとっても男性にとっても有害であることを指摘している。また、男性の攻撃性や、ポルノや買春などを含むセクシュアリティの問題や、失業や離婚、死別などの危機的なライフ・イベントに対して、情緒的にも、女性のようにはうまく対処的できないと述べている。

そして、男性の役割やありようを変化させるには、経済や労働市場、政治、家族などの分野において、息の長い取り組みが必要であること、さらに、男性の役割やありようについて議論するには、男性自身の積極的な参加が不可欠であること、さらには、男性が直面する問題は、女性のそれとは異なるため、その問題を解決するためには、男性は自分たちで試行錯誤を重ねなければならないと述べている（善積 1989）。これは、男性がジェンダー平等を自分自身の問題としてとらえ、取り組んでいくことの必要性を指摘したものである。

また、男性の役割が形成されるとき、言い換えれば男性が変化しうるときとして、次の5つを挙げている。すなわち、①男性が父親になるとき、②男性が祖父になるとき、③男性が教育と職業を選ぶとき、④男性が軍事訓練を受けるとき、⑤男性が危機に直面するとき、である。これらの中で、①、

②の男性が子育てや孫育てに関わるとき、③の入学や就職、そして⑤の離婚や失職、疾病など危機が、変化のチャンスであることはよく理解できる。しかし、④の軍事訓練については、どのように考えたらよいであろうか。スウェーデンは２０１０年に廃止した徴兵制度を、２０１７年に18歳以上の男女いずれをも対象に復活させている。この問題は、報告書でも、スポーツにおける男性文化、男らしさの理想の問題と関連付けられている。したがって、日本では、自衛隊や警察、消防といった組織のこととしてのみならず、そのスポーツ文化のありかた、すなわち体育会の文化の中で、いかに男性や男らしさが形成されるのか、そしてそれが招く危機とは何か、として考えることができよう。

なお、男性の役割を考える会のメンバーには、当時ストックホルム大学教育学部教授で、スウェーデンを代表する男性学者であるヤルマート（L. Jarmert）も含まれていた。彼は『スウェーデンの男性』の調査も担当している。この委員会は、１９９２年の政権交代に伴い、メンバーが交代した。テーマも男性の育児休暇の問題に限定されたが、パパ・クオータの導入を提案し、実現している。

ヤルマートはまた、国連に提出したレポート「ジェンダー平等の達成における男性と男児の役割」において、スウェーデン含むスカンジナビア諸国の取り組みについて概括している（Jarmert 2003）。その中で、男性の変化を促すものとして、男性が親として、子どもと関わることの重要性を指摘している。その場合、親における男女の役割を強調するのではなく、類似点を強調するべきだと主張している。また、就学前に男女いずれからもケアされることも重要であり、保育士や幼稚園教諭に男性を増やすことにも触れている。これらは、第3章などで述べられているケアリング・マスキュリニティの議論と重なるものであろう。そして、ジェンダーの分析においては、その権力関係に着目する必要があることにくわえ、政治において、ジェンダー平等を実現しようとするポリティカル・ウィルの重要性を指摘している。

そして、筆者らが、２０１５年9月（ストックホルム）で行ったインタビューにおいては、ヤルマートは、移民、とりわけイスラム系市民の増加を背景に、ネオ・ナチと深い関係があり、白人優位、男性優位を主張する極右政党のスウェーデン民主党（Sverigedemokraterna: SD）の台頭について触れている。これは、第2章で触れた剝奪（感）の男性化が、スウェーデンにおいてもみられることを意味しているといえよう。

なお、政府のジェンダー平等局（Jämställdhetsmyndigheten）が運営するポータルサイト（Jämställ.nu）には、ジェンダー平等に関する資料や、実践例、取り組みのためのツールなどが掲載されている。その中には、「普通の男性」（En vanlig man）のように、男性を対象とする、男らしさに関するプログラムものある（三瓶 2017）。

ジェンダー平等、SOGI平等を目指す市民活動

スウェーデンにおけるフェミニズム団体の嚆矢となったのは、「フレデリーカ・ブールメル協会」(Fredrika Bremer-förbundet: FBF）である。ＦＢＦは、第一波フェミニズム期である１８８４年に、アドレシュパッレ（S. Adlersparre）によって設立され、現在も存在している。ブールメル（F. Bremer）は、ス

ウェーデンのフェミニズム運動の先駆けとされる女性である。また、日本ではウーマンリブとして知られる第二波フェミニズム期には、社会主義フェミニズムの団体である「グループ・オッタ」(Grupp åtta)が、1968年にストックホルムで設立された。オッタとはスウェーデン語で数字の8を意味するが、設立メンバーが8人であったこと、5月8日に設立されたことから名付けられた。彼女たちの活動は、その戦闘的な活動スタイルに反発する女性たちもいたが、多くの女性の支持を集めた。その結果、1970年代にはさまざまな団体が誕生し、運動が活発化したといえる(太田 2008)。

この時期に主張された、女性の雇用と教育の促進、職場におけるジェンダー平等、DVの撤廃、人工妊娠中絶の合法化、出産、子育てに関する保険制度、保育所の拡充などは、本章で述べてきたように、ほどんとが実現している(太田 2008)。

また、ヨーテボリには、第二波フェミニズムの運動から生まれた「女性国民高等学校」(Kvinno-folkhögskolan)も存在する。現在でも、フェミニズムの活動の拠点として、女性のエンパワメントにあたっている。なお、国民高等学校(folkhögskola)とは、北欧に独特な学校で、成人教育、生涯学習のための教育機関である(大山 2020a)。

このようなフェミニズム運動は、男性たちにも影響をあたえ、男性運動も始まった。それらの中には、後述する男性のためのセンターを設立した団体も含まれる。そして、2003年、ジェンダー平等と、DVや子ども虐待などの暴力のない世界をめざす男性のためのプラットフォームで、超党派の全国的なNGOである「平等を目指す男たち(MÄN)」(MÄN For Jamstalldhet)が設立された(12)。先述のヤルマートも参加している。その他にも、２０１０年、「#グローバル・ガイ・トーク」（#Global Guy Talk）が誕生した(13)。そのコンセプトは、男性同士が集い、コンプレックスや恋愛、友人関係など、男性が普段あまり語らないことを話すというものである。男性が語り合うことで、その経験を共有し、伝統的な男らしさ規範や期待が、男性にとってリスクとなり得ることを理解する機会であるとともに、男性が、こうした男性の自主的な活動を通じて、ジェンダー平等の推進に貢献することも目的としている。この活動は、ＮＧＯ「メイク・イコール」（Make Equal）が主導し、スウェーディッシュ・インスティテュート（Swedish Institute）の協力を得て、世界各地に広がっている。

平等を目指す男たちも#グローバル・ガイ・トークも、男性がそのトクシック・マスキュリニティに気づき、克服しようとする活動であり、男性がジェンダー平等の実現に関わる活動である。

ところで、時代は戻るが、１９３３年、現在もスウェーデンにおける性教育を推進する上で、大きな役割を果たしているＮＧＯのＲＦＳＵ（エル・エフ・エス・ウー）が誕生する。ＲＦＳＵこと「スウェーデン性教育協会」（Riksförbundet för sexuell upplysning）は、女性のオッテセン－イェンセン（E. Ottesen-Jensen）が、労働組合や医師、政治家などとともに、設立したものである（大山 2022）。このＲＦＳＵの努力もあり、スウェーデンでは、１９５５年に義務教育において、性教育が必修化され、その後、共生の教育の文脈に位置付けられた（戸野塚 2014）。そして、２０２２年秋学期からは、セクシュアリティ・同意・関係（sexualitet, samtycke och relationer）となる（大山 2022）。

そして、ＳＯＧＩ平等に関する運動では、ＨＢＴＱの全国組織である、ＲＦＳＬ（エル・エフ・エス・

エル）が、１９５０年に創立されている。現在の正式名称は、「Riksförbundet för homosexuellas, bisexuellas, transpersoners och queeras rättigheter」（ＨＢＴＱの権利のための全国協会）という。なお、略称のＲＦＳＬは、旧名称に基づくものである。また、性指向オンブズマンを務めたイッテベリは、１９８８年から１９９１年まで、ＲＳＦＬの代表であった。

ＲＦＳＵもＲＦＳＬもともに、性の健康と権利を守るために活動している組織であり、協働することも多い。両者は略称が極めて似通っており、活動領域も近いためか、日本の文献などでは混乱がみられる。

このように、スウェーデンにおいても、行政のカウンター・パートとして、市民活動もまた盛んであり、ジェンダーやＳＯＧＩの平等の推進において、大きな役割を果たしている。

男性のための危機センター

スウェーデンにおける男性施策の代表例が、男性のためのセンターである。家族や親密な人間関係において問題を抱え、メンズクライシスに陥っている男性に対応する施設である。ＤＶや離婚・離別、子育てなど家族や親密な人間関係で困難や危機を抱え、危機に陥っている男性に対して、その問題解決への支援を行っている。スウェーデンには、このようなセンターが25カ所以上あり、その多くが公的機関である。そして、次項で触れるが、全国組織も存在する。

こうした男性のためのセンターは、社会福祉施設であり、男性への直接支援が軸となっている。一方、日本の男女共同推進参画センターは、ジェンダー平等推進のための総合的施設であり、実質的には市民活動の推進や生涯学習が機能の中心である。したがって、スウェーデンの男性のためのセンターは、日本の男女共同参画センターの男性版ではない。

これらを踏まえた上で、筆者らが2015年9月に訪問調査を実施した、ヨーテボリ市の「男性のための危機センター」の取り組みについて、具体的に見ていこう。なお、同センターは、先述した男性の役割を考える会の報告書の中でも紹介されている。

ヨーテボリ市（Göteborgs Stad）は、スウェーデン西部の中心都市であり、工業都市として知られる、人口は約50万人で、首都ストックホルムに次ぐスウェーデン第二の都市である。その規模からすれば、日本の政令指定都市に近いかもしれない。

ヨーテボリ市の「男性のための危機センター」（Kriscentrum för män: KCM）は、市が設置している公的施設であり、18歳以上の男性への支援を行っている。ＫＣＭは、１９８６年に設立されたスウェーデンにおける最初の男性のためのセンターであるとともに、世界初の施設である。１９７０年代以降のジェンダー平等の動きに伴い、男性のありようも変化せざるを得ず、それが、本書でいうメンズクライシスにつながると考え、ＫＣＭを発足させたという。

同センターは、「女性のための危機センター」（Kriscentrum för kvinnor）や「ＫＡＳＴ——売春をする人のためのセンター」（KAST-Köpare Av Sexuella Tjänster）、「犯罪被害者支援のためのセンター」（Stödcentrum för brottsutsatta）とともに、「社会資源管理」（Social resursförvaltning）の部局の「危機と人間関係」（Krisoch Relationsenheten）に属している。ＫＣＭの担当職員は６名（男性４名、女性２名、当時）で、ほとんどがソーシャルワーカーや心理学者など専門職である。

ＫＣＭが提供しているサービスは、主として次の４つである。

（１）電話相談：電話によるカウンセリング。45～50分。利用料金は、個人で２６５スウェーデン・クローネ（２０２２年）。免除申請も可能。暴力に関係する事案であると判明した場合は無料になる。

（２）非暴力グループ活動：非暴力トレーニング。セルフ・ヘルプ・グループではなく、セラピストによるグループセラピーである。グループのサイズは最大６名、週１回で24回実施。本人が暴力を止めたいという意志があること、スウェーデン語ができること（スウェーデン語ができない場合は個人セラピーになる）、薬物依存でないことが条件となる。料金は無料。

（３）父親コース（子育てコース）：子どもと同居、もしくは定期的に接触している男性が対象。個人またはグループでの非暴力トレーニングを受講した父親のためのグループ。

（４）宿泊施設：ＤＶの男性加害者のための施設（最大４カ月間）。市内に４カ所（２０１５年）。

２０１４年にセンターが対応したケースは、４３９件。利用者の半数近くの45％が暴力問題の解決を求めていた。相談者の多くは子どもがおり（父親割合は72％）、外国にルーツを持つ人も27％に上るという。また、２０１３年のデータによると、相談件数は３９８件、うち70％がパートナーとの関係で問題を抱えており、ＤＶに関わる相談は25％であった。また、26％が離婚や離別に関係する課題を抱えており、子どもの親権に関わるものも14％あった。子育ての困難を訴える男性は28％、親密な関係において暴力を受けている人も14％を占めていた。

また、センターでは、男性利用者のエスニシティやＳＯＧＩにも配慮した支援が行われていることにも目を向けたい。とりわけ外国にルーツのある男性への支援には力を入れているという。スウェーデン語や英語以外の言語でもサービスが提供されることもある。センターのリーフレットには、アラビア語やペルシア語などのバージョンもある。その結果、センターの利用者の27％が外国にルーツのある男性であるという。これは、ヨーテボリ市の在住外国人割合の20％よりも高い数値になっている（２０１５年現在）。

ＫＣＭでは、今後の課題として、ゲイ男性を中心にＨＢＴＱの男性へのアプローチの強化を上げている。２０１４年のデータによれば、利用者のうちＨＢＴＱの男性は１％程度である。そのため、広域自治体のランスティング（landsting）であるヴェストラ・ヨータランドリージョン（Västra Götalandsregionen）が提供している「ＨＢＴＱ認証」を取得もしている。また、ＲＦＳＬとの協働も進めているとのことで、ＨＢＴＱの男性へのサービス提供が進展することが期待される（ＲＦＳＬも独自にＨＢＴＱ認証を行っている）。なお、ＨＢＴＱ認証とは、ＨＢＴＱの人たちが働きやすいように、労働環境を整備していること、また、ＨＢＴＱの人たちが顧客として利用しやすいように、接遇の改善を図っている組織に、証明書を発行する制度のことである（三瓶 2017；大山 2020b）。

ところで、スウェーデンにおいて、近年、大きな社会問題になっているのは、名誉に関連する抑圧と暴力である。名誉殺人を含む「名誉に関連する抑圧と暴力」(Hedersrelaterat förtryck och våld) とは、女性のふるまいやHBTQなどの存在が、性的に非難されるものであり、それが家族や親族、そのコミュニティなどにとって恥や不名誉であるとして、起こされる殺人や暴力などをいう。西欧とは異なる文化圏からの移民してきた女性やHBTQなどが深刻な被害を受けている（大山 2022)。KCMでは、この名誉に関連する抑圧と暴力も視野に入れている。

さて、KCMでは、主に暴力問題をあつかうとき、「ウートヴェーグ・男性」(Utväg män) という〝商標〟のようなものを用いる。utväg はスウェーデン語で、〝出口〟や〝突破口〟を意味する。つまり、それは、男性加害者の脱暴力を目指すということになる。

ウートヴェークで最も興味深いのは、日本では類例のない男性加害者用の宿泊施設の存在であろう。DVに関連する宿泊施設というと、被害者が逃げ込むシェルターを思い浮かべるが、これは逆に、虐待の加害者向けなのである。考えてもみれば、被害を受けた女性や子どもの方が逃げなければならないのは、理不尽なことである。彼女らが現在の住居にそのまま住み続けられれば、安心、安定して、立ち直りや自立に向かうことができよう。

一方、男性加害者にとってもメリットがある。まず、退去命令が出されても、住む場所をとりあえず確保することができる。そして、その滞在期間中に、個人またはグループによる非暴力トレーニングが含め、男性は、ソーシャルワーカーによる支援を受けながら、集中して、その更生や自立、生活問題に取り組むことができるのである。

男性加害者向けの宿泊施設の設置は、被害者ファーストを維持しつつ、同時に加害者の更生と社会復帰の双方を視野に入れた政策と言えるだろう。ちなみに、この施設は、暴力を受けた被害男性のシェルターとしても活用されることもある。なお、ウートヴェーグには、女性や子どもを対象とするものもある。

さて、KCMでは、そのスタッフによると、「男性には二面性がある」ことを踏まえて、活動をしているという。男性の二面性とは、「男性が女性を苦しめている」という意味での男性問題と「男性自身が困っている」という意味での男性問題の二面性である。ジェンダー平等を考える時、一般に、男性についてはまず加害者としての側面に注目が集まる。しかし、暴力を振るうなど加害者である男性は、同時に、夫婦関係に悩んだり戸惑ったりして、問題の解決を必要としている人でもある。男性には加害者の部分と、男らしさによって抑圧を受けている両面があるのである。

KCMでは、こうした男性（問題）の二面性のいずれも視野に入れた対応しているのである。つまり、被害者になりやすい女性や子どもの利益を最優先に考えるとともに、加害者である男性の抱えるジェンダー問題にも十分な目配りがされているのである。加害者であっても〝ケア〟は必要である。もし放置されれば、その男性は自暴自棄になり、さらなる暴力や問題行動を起こす可能性さえある。KCMは、男性加害者の居場所を作り、ケアをすることで、積極的に男性を暴力からの脱出を図ることで、女性や子どもへの暴力の抑止もまた可能になると考えていると言えるだろう。

このようなＫＣＭでの実践は、ジェンダー平等へ向かう社会において、男性の多様性を視野に入れつつ、〝男性を変える、男性が変わる〟ための男性学的なソーシャルワークといってよい。つまり、男性ジェンダーに敏感な視点から、心理的なセラピーとともに、男性へのさまざまな働きかけを行っているのである。こうした男性の危機は、変化のチャンスでもある。したがって、このようなセンターの取り組みは、日本にとっても、極めて参考となる取り組みといえよう。

男性のための危機センターの全国組織

ヨーテボリに男性のための危機センターが設置されたことを皮切りに、スウェーデンでは、同様のセンターが次々と誕生している。これら各地の男性危機センターの全国組織として、「スウェーデン男性のための危機センター協会」(Rikskriscentrum)も結成された。同協会は、１９９７年に設立され、２００６年には初めて全国大会を開催している。加盟している組織は26団体（２０２１年）である。多くのセンターはコミューンが設置したものだが、ＮＧＯが運営しているセンターもある。筆者らは、２０１６年8月に同協会の訪問調査を行った。

協会の会長（当時）は、ストックホルムの北にあるイェヴレ（Gävle）にある「危機センター・スティッカン」(Krismottagningen Stickan)の代表であった。彼によると、協会は、孤立していた各地の危機センターを結びつけ、その活動を向上させるために設立されたという。そこで、協会は、活動支援のために、情報センターとして全国集会や研修会を開催し、交流を深めている。講師派遣やアドボカシーなどにも力を入れているという。

２０１５年の全国のセンターを利用した人は、男性２３００人、女性２３００人、子ども４００人とのことだった。このように、センターでは女性の相談を受け付けるところも多い。このデータからも、男性問題について女性による相談も多いことが見て取れる。

さて、加盟の各センターが最も苦労している課題は何かというと、それは資金調達である。そのためには、エビデンスに基づいたデータが必要であるが、その調査や分析を十分に行うことも難しいという。そして、政府や行政との協働は、サービス提供レベルはもちろんのこと、政策や施策づくりのレベルから行う必要がある。この点でも、日本の市民活動と同様、苦慮しているようである。

また、センターの地域的な偏りも問題だという。センターの多くが人口の多いスウェーデン南部にあり、北部地域では手薄になっている。その結果、北部に住む男性たちは、支援の恩恵を受けにくいというのである。なお、その後、ルレオ（Luleå）などの北部地域にもセンターが誕生し、一定の改善が図られたようである。

各地のセンターの活動を改善するためには、他にも課題は多いという。まず、男性利用者のエスニシティやＳＯＧＩにも配慮した支援が必要だと強調していた。また、広報においては、従来の紙媒体だけではなく、YouTube などの動画資料の充実も図りたいという。さらには、暴力への対応や予防においては、子どもの最善利益の観点から、強化される必要があるとのことであった。そして、フェミニストとの協力についても、重要だとの指摘もあった。

3　すべての性暴力被害者への対応

ジェンダー・ニュートラル化したレイプ被害者緊急外来

男性対象のジェンダー政策という点において、男性のための危機センターの設置とともに、スウェーデンが世界初となったものがある。それは、２０１５年10月15日から、「ストックホルム南総合病院」(Södersjukhuset: SÖS) の「レイプ被害者緊急外来」(Akutmottagning för våldtagna) が、成人の男性被害者の受け入れるようになったことである。

同緊急外来は、元々、性暴力の被害を受けた女性のために、２００５年という世界でも最も早い段階で誕生したものである。なお、現在でも、同緊急外来は、女性にとっても、スウェーデン国内では唯一の施設であり、他の地域では、女性被害者は一般の産婦人科を利用することになっている。一部では、「世界で初の男性レイプ被害者センターが誕生した」などと伝えられたようであるが、実際は、対象が女性のみから、ジェンダー・ニュートラル化し、全ての性別や性自認を持つ人にも門戸を開かれたというものであった。

同緊急外来は、３６５日24時間、性暴力を受けた被害者を受け入れ、救急治療を含むケア、さらにその後のフォローアップを、総合的に提供している。スタッフは、性暴力の被害者への援助について経験が豊富な医師、看護師、助産師、心理カウンセラー、ソーシャルワーカーなどである。医師と看護師については夜間も常駐する体制になっている。

被害者にはまず看護師が対応し、この診療施設にいる間、この担当看護師が、被害者に付き添うことになっている。傷害がある場合は傷の治療が行われ、被害者の法的手続きを支援するため、レイプや性暴力の証拠保全のための検査が行われる。さらには、カウンセラーによる心理的なケアも提供される。また、スタッフが警察に通報することを勧めることがあるが、それを強制することはないという。ＨＩＶを含む性感染症への感染の有無については、検査の性質上、受診時には判明しないため、数週間後、検査受けるために、被害者が、同緊急外来を利用できる仕組みになっている。

同緊急外来は、待合室で、被害者が他の被害者と一緒にならないように配慮されている。医師や看護師についても、被害者本人の希望する性別のスタッフが選べるようになっている。しかしながら、同じ被害者とはいえ、男女が同じ外来を利用することについては、日本では抵抗がある人もいるかもしれない。

また、当然のことながら、被害者のエスニシティやＳＯＧＩへの配慮もなされる。エスニシティについていえば、同緊急外来のサイトやリーフレットには、スウェーデン語や英語以外の言語によるものもある。

ちなみに、スウェーデンには、未成年を対象とする施設として、１９９０年に「ボーイズ・クリニック」(Pojkmottagningen) が設立されている。運営をしているのは、国際ＮＧＯのセーブ・ザ・チルドレンのスウェーデン支部である「レッダ・バーネン」(Rädda barnen) である。その後、同施設は「子どもと若者のための危機センター」(Rädda barnens centrum för barn och ungdomar i kris) の一部局として、さまざまな暴力体験によって心的外傷を負った子どもたちや若者を男女問わず対象とするようになっている（太田 2008)。

性暴力と男性被害者

スウェーデンにおける性暴力被害者への支援が、ジェンダー・ニュートラルになったのは、女性に比べれば少数とはいえ、男性にも被害者がいるからである。では、彼らへの加害者はどうかというと、圧倒的に男性だという。先述のレイプ被害者緊急外来で扱った男性被害者のケースは、開設10カ月間で36件、うち加害者が女性だったのは、わずか1ケースであったという。しかも、異性愛の男性が加害側に回るケースが目立つという。

ここで、日本の状況についても触れておきたい。2017年の刑法改正で、女性の被害者を前提とした強姦罪が、ジェンダー・ニュートラルな「強制性交等罪」に改められた。それまで、男性の性被害はどのようなものであれ、強姦よりも軽い罪とされる、強制わいせつとしてしか扱わなかったのである。くわえて、強制性交等罪には、肛門性交と口腔性交も含まれるようになった。スウェーデンを含め先進国の多くは、同意のないままに、膣、口、肛門への性器の挿入は、性別にかかわらず、以前よりレイプとみなされていた。その意味では、日本の刑法もようやくそれらに追いついたといえる。しかしながら、スウェーデンの規定のように、異物の挿入までは含まれなかった。また、「監護者わいせつ・監護者性交等罪」が新設され、18歳未満の子どもに対する性的虐待の被害の一部を掬い上げることも可能となった。不十分な部分もあるとはいえ、男性もまた、いわゆるレイプの被害者として、法的に認められることとなった。性犯罪が非親告罪化されたことを含め、大きな進歩といってよい。

それでは、男性の性暴力被害はどの程度、起こっているのであろうか。『令和3年版 犯罪白書』によると、2020年の強制性交等の認知数は72名、人口10万人あたりの被害発生率は0・1%であった。同じく、強制わいせつの認知数は159名、発生率は0・3%であった。刑法改正以降、毎年、強制性交等で人口10万人あたり0・1人、強制わいせつで0・2〜0・3人の男性被害者が認知されている。また、男の子に対する「いじめ」と言われるものの中にも、こうした性暴力が数多く潜んでいるとの指摘もある（伊藤 1996）。

性暴力を受けた被害者は、性別に関係なく、心身ともに深い傷を負う。そして、男女ともそのジェンダー性による困難を抱え込む。男性は、男性ならではのジェンダー問題、すなわち男らしさの危機に直面する。男性被害者は、その内面化された男らしさとヘテロセクシズムによって、すなわち、男らしくないと思われないように、同性愛者だと思われないようにしがちである。それは、自身の被害を認識したり、他人に助けを求めたりすることが難しくする。その結果として、支援へのアクセスを大きく妨げることにつながるのである。最悪の場合、その絶望感から、死を選ぶこともあるかもしれない。一方、支援する側も、男らしさに関する思い込みとヘテロセクシズムによって、男性の被害に気づかなったり、軽くみたりしてしまう。

また、男性の性被害が、女性のそれよりも軽いもとは、必ずしもいえないことがわかってきた。トラウマ研究の成果によれば、性暴力を受けた男性被害者のトラウマ発症率は、女性被害者よりも高い。また、このトラウマは、戦闘経験の結果生じた男性のトラウマよりも重いことも確かめられている（宮地 2013）。支援を担当する機関や専門家は、こうしたことをきちんと認識しておく必要があろう。

本章では、スウェーデンにおける男性を軸にしたジェンダー平等やＳＯＧＩ平等の動向について概説してきた。もちろん、スウェーデンが完璧にジェンダー平等やＳＯＧＩ平等を達成している訳ではない。しかし、この国が、１９６０年代以後、これらにおいて、先進的であったのは紛れもない事実であろう。その背景には、まず、スウェーデン社会のもつプラグマティズムがあり、それが、極めて実践的かつ現実的な政策や施策を生み出してきたといえる。そして、政府が、ジェンダー平等やＳＯＧＩ平等を実現しようとする強い政治的な意志（ポリティカル・ウィル）をもっていることも見逃せない。その上で、行政と市民セクターの協働により発展してきたことも注目に値する。

また、１９８０年代には、政府などが、ジェンダー平等の進展にうまく対応できない男性に危機が生じることに気づき、実態調査を行うなど、対策を開始したことは、驚くべきことである。男性のための危機センターのような施設の設置や、男性の性暴力被害者への対応に道を開くことにつながったことは、その例であろう。

さらには、家族法の改正や同性間の法律婚の実現のように、制度やサービスにおけるライフスタイルに対する中立化やジェンダー・ニュートラル化は、ジェンダー平等もみならず、SOGI平等にも、効果的であることもみとてれる。また、オンブズマンの統合の例は、ジェンダーやSOGIの平等は、エスニシティや障がいなどの他の人権問題や社会的包摂の問題と、ジェンダーやSOGIの平等を重ね合わせて、すなわちインターセクショナルに解決しようとする姿勢の表れであろう。

今後、日本社会もますます多様化し、社会的包摂が求められる。もちろん、ジェンダー平等とSOGI平等のさらなる推進は言うまでもないことである。その際、このようなスウェーデンの取り組みから、現状把握や問題解決の方法などにおいて、得られる示唆は未だ多いであろう。

一方、日本においても、男性たちは、男性の立場から、男性運動を展開し、ジェンダー平等やSOGI平等への取り組みを行っている。それらは、スウェーデンの取り組みと重なるものもあれば、独自のものもある。そのような日本の男性たちのあゆみを掘り起こし、継承して、海外の取り組みと合わせて、メンズクライシスへの対応に活かしてほしいと思う。

注

（1）現地調査の実施概要は、次の通りである。また、調査などでお世話になったコーディネーターの大橋紀子氏と通訳のみなさん、三瓶恵子氏に心からお礼申し上げる。
【2015年】①L・ヤルマート教授：9月11日（ソルナ）、②男性のための危機センター：9月14日（ヨーテボリ）。調査者：伊藤公雄・大束貢生・大山治彦・多賀太（①、②）、中澤智恵（②）。

【２０１６年】①男性センター・ストックホルム：8月22日（ストックホルム）、②スウェーデン男性のための危機センター協会：8月23日（イェブレ）、③レイプ被害者緊急外来：9月14日（ストックホルム）。調査者：伊藤公雄・大東貢生・大山治彦・多賀太（①、②、③）。

【２０１８年】①平等オンブズマン：9月7日（ソルナ）、②Ｈ・イッテベリ氏：9月14日（ストックホルム）、③ＲＦＳＬ：9月10日（ストックホルム）、④三瓶恵子氏：9月11日（ストックホルム）。調査者：大山治彦（①、②、③、④）。伊藤公雄・大東貢生（②、③）。

【２０１９年】①ＲＦＳＵ：9月4日（ストックホルム）、②ＥＫＨＯ：9月5日（ヨーテボリ）、③Add Gender 社および Euro Equality 社：9月6日（ストックホルム）、④ヴェストラ・ヨータランドリージョン政府地域保健情報センター：9月6日（ヨーテボリ）、⑤ソルナ市中央図書館：9月9日（ソルナ）、⑥Jamstalldhetsexperterna 社：9月10日（ストックホルム）、⑦グローベン気分障害診療センターおよびグローベン・ヤングアダルト診療センター：9月10日（ストックホルム）。調査者：大山治彦（①、②、③、④、⑤、⑥、⑦）、大東貢生（①、②、④、⑤）、伊藤公雄（①、③、⑤、⑥）。

（2）定訳のないスウェーデン語の日本語訳については、筆者による翻訳である。

（3）外国にルーツを持つ人には、①外国生まれのスウェーデン在住者、②両親が外国生まれのスウェーデン生まれの人も含む。外国籍の在住者や、いずれかの親が外国生まれの場合は、含まれない。

（4）スウェーデン政府のフェミニスト宣言（feministisk regering）〈https://www.regeringen.se/4938a2/globalassets/regeringen/bilder/socialdepartementet/tidigare-politikomraden-och-politiker/jamstalldhet/feministisk-regering/informationsblad-feministisk-regering-mars-2019.pdf/〉（２０２２年3月27日閲覧）

（5）フェミニストの外交政策のためのスウェーデン外務局の行動計画２０１９～２０２２〈https://www.government.se/49700e/contentassets/9992f701ab40423bb7b37b2c455aed9a/utrikesforvaltningens-handlingsplanfor-feministisk-utrikespolitik-2021_eng.pdf〉（２０２２年５月６日閲覧）

（６）ジェンダー平等を世界的に推進するためのフェミニストの外交政策（ＯＥＳＤ）〈https://www.oecd.org/development-cooperation-learning/practices/a-feminist-foreign-policy-to-advance-gender-equality-globally-d3b5aeab/〉（２０２２年５月６日閲覧）

（７）４つのオンブズマンとは、①機会均等オンブズマン（Jämställdhetsombudsmannen: JämO）、②エスニック差別オンブズマン（Ombudsmannen mot etnisk diskriminering: 旧ＤＯ）、③障がい者オンブズマン（Handikappombudsmannen: HO）、④性指向オンブズマン（Ombudsmannen mot diskriminering på grund av sexuell läggning: HomO）である。

（８）Diskrimineringsombudsmannen は、直訳すると、差別オンブズマンとなるが、その公式の英訳などを勘案し、平等オンブズマンと訳した。

（９）ただし、終末期の近親者の介護（看取り）のための有給休暇の制度は設けられている。

（10）２００９年６月末までは、「家庭保育室」（Familjedaghem）、と呼ばれていた。

（11）NewSphere「少子化克服のスウェーデン、〝社会全体の子育て〟で成功　公使が語る」〈https://newsphere.jp/world-report/20141213-1/〉（２０２２年５月６日閲覧）

（12）「メン」（MÄN）〈https://mfj.se/〉（２０２２年５月３日閲覧）

（13）「#グローバル・ガイ・トーク」（Global Guy Talk）〈https://globalguytalk.com/about/〉（２０２２年５月３日閲覧）

❖コラム4　ジェンダー平等はもう十分に達成されたのか？（スウェーデン）

「スウェーデンの男性は、ジェンダー平等をどのように受け止めているのだろうか。」

そういう疑問が生じるのは、日本で、女性差別をなくそうと主張すると、女性優先の逆差別になるとか、もう制度的な差別はない、などといった反論が聞かれ、特に男性からの抵抗が大きいからだろうか。

実のところ、スウェーデンでも、同じような問題がある。マスキュリニティ研究でも指摘されているし、筆者自身、スウェーデンに移住して七年が経ったが、抱えている問題は共通していると感じる。もちろんさまざまな文化の違いも感じるが。スウェーデンのジェンダー平等に対する態度や達成状況は、日本からするとうらやましいくらいなのだが、それはフェミニズム運動や社会的な取り組みの成果であって、なにもせずに到達したものではない。

スウェーデンのジェンダー平等は、まず女性の経済的権利、仕事と家庭での責任の平等な分担、そのための両親育児休暇の保障などから取り組まれてきた。女性の経済的自立は、ケアや介護など、女性が家庭で担ってきた無償労働を社会化・有償化することで果たされてきたため、公共サービス分野で働く女性が多く、私企業、管理職、従前からの男性優位の職種への女性比率の低さが大きな課題とされてきた。現在でもそうだ。性別職域分離がなかなか崩れないことからわかるように、女性らしさ、男性らしさを根本的に問い直すということはスウェーデンでもとても困難なことだ。

とはいえ、周りを見渡すと、ジェンダー平等を否定する意見はまずは聞かれない。皆、スウェーデンが平等と社会的公正を基盤とする民主主義社会であることを誇りに思っている。ただ、ジェンダーの平等はもう十分に達成されたと感じている人は少なくないようだ。問題があるとしたら、スウェーデン人ではなく、移民がスウェーデン社会の価値に沿った行動をとらないからだ、という議論も聞かれる。名誉に基づく暴力（honor-related violence）、ＦＧＭ（女性性器切除）、児童婚などは確かに、スウェーデンにもとからあった問題ではなかっただろう。しかし、これらはすでにスウェーデン国内の問題となっている。先述した課題や女性に対する暴力などを含め、さまざまな課題がある。

近年では、新しいアプローチの市民団体やグループが活動し始めて注目されている。たとえば、ロッカールーム・トークという小さなグループは、若者男性が主体となって始めた活動だ。スウェーデンでも例にもれず、スポーツとマスキュリニティは密接に関連している。スポーツの前後に着替えをする更衣室は男女別になっていて、男子更衣室で、女性差別的でマッチョな言動があっても、誰からも咎められることなく放置されている。このグループは、この、更衣室で男子にマッチョな文化が再生産されている状況にチャレンジしようとしているわけだ。少年対象のいろいろなスポーツクラブに出向いていって、更衣室でのそうした言動に出会ったときにどういうふうに行動できるのか、同輩グループのプレッシャーから、不本意ながらマッチョな言動に同調しなくてよいように、啓発活動をしている。

このように、スウェーデンでは、ジェンダー平等はもう達成されたから問題ない、フェミニストは男性を敵視する偏った考えの女性たちだ、という考え方をする人もいる一方で、男性でも女性でも、身近な問題から行動を起こしていく人もいる。社会のなかにさまざまな意見があるにせよ、こうした地域での草の根の活動をベースとしつつ、政治的な課題となり具体的な政策課題として提起され、公的に取り組まれることを通して、一歩ずつ歩みを進めていくのがスウェーデンらしさなのかと感じている。

❖コラム5　街かどで考える男らしさ、SOGI

スウェーデンの街を歩いていると、男らしさやSOGIについて考えさせられることがある。そのうち、3つを紹介したい。

ファッション広告に登場する男性といえば、若くて、余分な脂肪がついていない筋肉質な細マッチョであろう。ところが、2015年、北欧を中心に展開している紳士服チェーンの下着の広告には、若いマッチョだけではなく、さまざまな体型の、さまざまな年齢の、さまざまな人種の男性たちを、登場させた。なんと、コピーは、Underwear for Perfect Men（完璧な男たちのためのアンダーウエア）であった。それは、この会社は、若い細マッチョだけを理想の男性像として描くことに、疑問を投げつけたのである。それは、同社の出したコメントを見ても明らかである〈https://forsman.co/work/dressmann/underwear-for-perfect-men〉（2022年4月21日閲覧）。

女性が女らしさという美の鎖に縛られているように、男性もまた、男らしい身体能力の象徴である、若さと筋肉に囚われている。そうした、ありきたりの男らしさイメージにこだわるのではなく、ありままの、ときには〝かっこ悪い〟自分自身の体型を受け入れ、愛することができれば、それはそれで、素晴らしいことであろう。この広告は、そんな風に思わせてくれた。

しかし、残念なことに、その多様な男性の中に、アジア系がいなかったことである。北欧における、アジア人系男性の置かれている位置について、これまた、いろいろと考えさせられてしまったのである。

さて、近年、日本でも、レインボー・フラッグを掲げたり、LGBTフレンドリーを標榜したりするお店などが増えてきた。しかし、ヨーテボリ市の中心街にあるレストラン・バーは、さらに意表を突くキャッチフレーズを掲げてきた。それは、〝ストレート・フレンドリー（straight friendly）〟、すなわち、異性愛者にやさしい、である〈https://www.beebar.se/goteborg/vad-ar-straight-friendly〉（2022年4月21日閲覧）。

もちろん、LGBTフレンドリーでないよりは、フレンドリーな方が、絶対によい。しかし、だ。その言葉は、シスジェンダーで異性愛者を標準や中心とする視点に沿ったものだ。シスジェンダーや異性愛者は、多数で典型であっても、普遍ではなく、それもまた特殊個別な、多様なセクシュアリティの1つにすぎないのだ。

このお店は街の中央市場にあって、多くの市民や観光客が日々利用している、普通のお店であるが、なんて刺激的なキャッチコピーを掲げたのであろうか。思わず、微笑んでしまった。もちろん、私のお気に入りとなったのは言うまでもない。

ところで、食べる話をしたので思い出したのであるが、スウェーデンの公共トイレは、ほとんどが個室化である。男性用トイレでも、開放型（とでもいうのだろうか）の小便器はなく、個室だけがずらっと並んでいる。そして、トイレ自体、男女別を無く、すべての人が使えるようになっているところも多い。ちなみに、スウェーデンだけではなく、台湾の台北でも、個室にある小便器を利用したこともある。

最近、日本でもオールジェンダートイレや、オルタナティブ・トイレという名称で、女性用、男性用の区別がなく、中が個室化されている公共トイレが設置され始めている。いくら個室化されているとはいえ、男女の区別のないトイレに抵抗を感じる人もいるだろうし、性犯罪を懸念する意見もあろう。また、利用者の多いトイレなどでは、現行の小便器の方がスムーズであろう。また、洋式トイレだと、男性が立って使用すると、汚れが目立つという声もある。

ダイバーシティとインクルージョンの時代、公共トイレもまた、画一的である必要はないだろう。従来通りの男女別のトイレも、オールジェンダートイレやオルタナティブ・トイレも、大きな個室型のトイレ（多目的トイレ、誰でもトイレ）も設置され、選べるようになったらよい。誰もが安心して、トイレにアクセスできることも、インクルージョンの重要な要素だと思う。

私が、子どもの時代に、学校の男性用トイレが、すべて個室であったら、しなくてよい苦労をしなくて済んだかな、と思ったりもするのだが、いかがだろうか。

第5章　日本における男性問題への対応の歴史

一般にはあまり知られていないが、第4章で紹介したスウェーデンには及ばないものの、日本にも、さまざまな男性問題に取り組んできた歴史がある。本章では、本書の著者ら自身が男性問題に関する市民活動や行政の男女共同参画関連施策に関わってきた経験もふまえながら、日本における男性問題への対応の歴史を振り返ってみたい。日本ではこれまでに、いかなる担い手が、何を男性問題として提起し、それらの問題にどのように取り組んできたのだろうか。ここでは、そうした取り組みの担い手を、男性市民グループ、政府と自治体、民間事業者のという3つの立場に分けて、それぞれの具体的な取り組みについて確認していこう。

1　男性市民グループによる対応――メンズリブを中心に

男性運動の誕生

前章までの内容からもうかがえるように、現在「男性問題」と呼ばれている一連の問題には、男性のあり方が女性問題の原因をなしている（「女性問題の原因としての男性問題」「男性の制度的特権」）という側面と、男女で異なる役割期待のもとで男性も苦しんでいる（「男性の生きづらさとしての男性問題」「男らしさのコスト」）という側面がある（多賀 2006: 4-7）。

前者の意味で男性のあり方を最初に問題化したのは、フェミニズムだった。特に、1960年代の欧米に端を発し日本にも広がった第二波フェミニズム／女性解放運動（women's liberation movement）は、男女が異なる役割や振る舞いを強いられる社会を男性支配の社会として再定義し、いわば男性を女性に対する支配者として告発したのだった（上野 1991: 86）。

それまで、男として期待される役割や許容される振る舞いを宿命や自明のこととみなしてきた男性にとって、それは青天の霹靂であり、まさに「危機」であった。そうした危機に対する男性たちの反応の方向性は、納得、反発、そして無視に至るまでさまざまだった。そして、反応の方向性はどうであれ、一部の男性たちは、その危機への対応としてグループを結成し、特定の主張や何らかの継続的な活動を展開した。こうした、フェミニズムによる支配者としての男性の告発という「危機」に対する男性側からのリアクションとして生じた社会運動または社会活動が、「男性運動」と呼ばれるものである（多賀 2006: 169）。

日本の男性運動は、１９７０年代半ばにまで遡ることができる。日本でウーマンリブと呼ばれた第二波フェミニズムから影響を受けた男性たちが、１９７０年代半ばから各地で男性グループを結成しており、こうした動きは当時「マンリブ」と呼ばれていた（溝口ほか 1995）。

その後、次項で述べるように、日本の男性運動は、１９９０年代に「メンズリブ」として隆盛を迎えることになるが、そのメンズリブに連なる初期の男性運動として、特に注目すべきなのが「男の子育てを考える会」と「アジアの売買春を考える男たちの会」である（大山・大東 1999）。

「男の子育てを考える会」（以下、子育ての会）は、マンリブの時代、１９７８年に東京で誕生した。子育ての会は、わが国の男性運動の元祖とみなされることが多いが、その最も大きな理由は、それまで女性問題と見なされていたジェンダー問題（当時は「ジェンダー」という用語は用いられていなかった）を、男性自身の問題、すなわち「男性問題」として再定義したからである。それ以前のフェミニストと一緒に活動してきた男性たちは、女性たちの運動を男性が助けるというスタンスが強かったのに対して、子育ての会は、それを、男性が自分たちの問題として取り組む当事者の運動へと大きく変化させた（大山・大東 1999）。

子育ての会の発起人の一人で世話人であった星建男は次のように述べている。「女に押しつけられている子育ての不公平さを取り除こう、男も子育てに協力しようということではなくて、今、仕事、生産に駆り立てられて非人間化している生き方、生かされ方を否定し、子育てという生命生産（出産そのものではなく、物質生産に対立するものとしての意味）の領域に踏み込むことによって人間らしさを取り戻」すのだと（男の子育てを考える会編 1978）。こうして子育ての会は、女性だけでなく男性も性別役割分業から不利益を受けていること、男性が子育てというケア役割を担うことによる、従来の男らしさからの解放を主張したのだった。

もう1つのグループ、「アジアの買売春に反対する男たちの会」（以下、アジ買）は、子育ての会をベースに、1988年に東京で発足した。名前の通り、当時問題となっていた、日本人男性によるアジアへの買春観光に反対を唱えたグループである。男性問題に、本章の冒頭に述べた2つの側面があるとすれば、アジ買は、前者の「女性問題の原因としての男性問題」という側面に焦点化した活動だった。男性の加害者性を男性問題の中核に据え、買春観光に出かける一部の男性のみを加害者として非難するだけでなく、層としての男性が層としての女性に対して持つ加害性を認識し、その克服を目指した（大山 2018）。

しかし、こうした運動のあり方に対して、アジ買から派生した「アジアの売買春に反対する男たちの会・大阪」（以下、アジ買・大阪）を中心に、疑問が呈されるようになった。フェミニズムの理論に照らせば、アジ買の主張や活動は確かに妥当である。しかし、当時フェミニズムに関心を示して女性たちと活動したり、そこから男性運動を始めたりしていた男性たちの中には、男らしさによって抑圧され傷つけられた経験を持つ人が少なくなかった。それらの男性たちは、自分たちのそうした悩みに向き合えないまま、さらに自らの加害者性の問題についても取り組むことで、結果的に二重の負担となり、実際に疲弊していたという。そこでアジ買・大阪は、男性運動は、男性の加害者性の問題と同時に男らしさによる抑圧の問題にも、すなわち、先述の男性問題の2つの側面の両方に取り組むべきではないかと主張したのである（大山 2018）。こうしたアジ買・大阪の問題意識は、１９９０年代のメンズリブへとつながっていく。

メンズリブの誕生と興隆

１９９０年代に、日本の男性運動は一定の興隆を迎え、メンズリブの名で全国に知れ渡った。そのうねりの端緒は、１９９１年に大阪で誕生したメンズリブ研究会だった。「研究会」と名乗っていたが、学術研究団体ではなく、活動の中心は、およそ2カ月に1回のペースで大阪と京都で交互に開催される例会と、機関誌『メンズネットワーク』の発行だった。会には代表を置かず、アジ買・大阪のメンバーや関西地方で女性たちとともに活動してきた5人の男性を世話人として運営されていた（大山 2018）。

活動の中心である例会は男性だけで行われた。その理由として、当時「男性たちは、女性の前では、ついつい〝カッコ〟をつけてしまって自由にものが言えないのではないか、という危惧」があった（伊藤 1996: 314）ことが挙げられる。そうした意味で、このスタイルは、女性解放運動のなかで女性たちが行ってきたＣＲ（Consciousness Raising 意識高揚）の男性版であり、女性運動から方法を学んだものだった。当時よく語られたテーマは「父親」「長男」「暴力」「セクシュアリティ」などである（メンズセンター編 1996）。そこは、受容的な雰囲気のなかで、自分史を語りながら、男らしさによって抑圧され、傷つけられてきた自分自身の問題の悩みや本音を安心して話し合える場だったという（大山 2018）。こうしたなかで、メンズリブ研究会の活動は、男性の経験や実感に根ざした男性同士の語り合いを通して、当時社会的にほとんど認知されていなかった男性問題を言語化していく場としての役目を果たした。

１９９５年には、メンズリブ研究会の世話人や参加者などが中心となって、「メンズセンター」(Men's Center Japan) が設置された。メンズセンターは、大阪市内の雑居ビルの一室に事務所を構える任意団体だったが、２０１０年に閉鎖されるまでの約15年間にわたって、メンズリブの活動や情報の拠点としての役割を担った。その間『メンズネットワーク』の発行をメンズリブ研究会から引き継いで担い、１９９６年には京都で、男性運動に関わる団体や個人の全国交流会としての「男のフェスティバル」第1回を開催した（メンズセンター編 1997）。また、メンズセンターとは別組織ではあるが、メンズリブ研究会の参加者やメンズセンターの関係者も一部含む形で、１９９５年11月には日本で初めての本格的な男性対象電話相談事業「『男』悩みのホットライン」が開設された（『男』悩みのホットライン編 2006）。

１９９０年代半ば以降、メンズセンターがネットワークのハブになる形で、全国各地にメンズリブの流れを汲む男性グループが誕生し、グループ同士の交流も活発化した。１９９４年には「メンズリブフォーラム岡山」、1995年には「メンズリブ東京」が立ち上げられ、その後も、奈良、埼玉、神奈川、福岡、沖縄などに「メンズリブ」を名乗るグループが次々と誕生していった。そして、1996年にメンズセンターの主催で開催された「男のフェスティバル」は、その後も、各地の男性グループが毎年交代で主催しながら、大阪、東京、福岡、名古屋、香川などで2008年まで計11回開催された（多賀 2006: 176；大山 2018）。

こうした活動を経て、メンズセンターは、男女共同参画の実現に貢献した団体として、1999年には大阪市から「きらめき賞」を、2006年には大阪府から憲法記念日大阪府知事表彰を受けた。(1)

メンズリブによる男性問題の提起と対応方法

1990年代から2000年代にかけてメンズリブが提起した男性問題は、多岐にわたる。資料5－1は、全11回にわたる「男のフェスティバル」の中で最大の約500人の参加者を集めた第3回東京大会（1998）の分科会一覧である。分科会のテーマには、性の多様性、サブカルチャー、海外の男性問題などさまざまなものがあり、焦点が当てられるライフステージも青年期から「更年期」までと実に多様だったことがうかがえる。

これらのさまざまな男性問題の解決を目指して、メンズリブの流れを汲む諸団体は、それぞれに多様な方法で取り組んできたのだが、そうした多様な取り組み方法は、ターゲットが団体の構成員か外部の人々かという軸と、コミュニケーション手段が直接的か間接的かという軸をクロスして構成され

資料5-1 「メンズフェスティバル '98 in 東京」分科会一覧

ワークショップ（分科会）時間割／会場

		定員	12日（土）14:00〜17:00	13日（日）10:00〜13:00	13日（日）14:00〜17:00
4階	ホール	294		男の更年期（中村彰）	すべての性の自由に向けて（足立区女性大学連合会＆実行委員会）
	和室	34	おとこのためのコミュニケーション教室（水野阿修羅）（＊1）	沖縄版メンズリブ講座（「メンズリブ沖縄準備室」一日東京出張所）	『働かない』を選んだ男達〜ダメでいきましょう！（メンズリブ東京＆だめ連）
3階	第一研修室	72	「おたく」に潜む精神性（マンガ防衛同盟／「有害コミック」問題を考える会）（＊4）500円	自治体関係者向け男性問題講座（実行委員会＆足立区女性総合センター）（＊2）	
	第二研修室	45	男性運動の先駆者たち（中津順）	男たちの仕事と育児の両立（男も女も育児時間を！連絡会）	男の育児休職が広がらない理由（男も女も育児時間を！連絡会）
	第三研修室	24	妻（恋人）への暴力を止められない男性のための会（＊1）（＊4）500円（草柳和之＋メンズリブ東京）	性的多数者ってだれのこと（村西もてい）	ドメスティック・バイオレンスを考えるワークショップ（メンズリブ神奈川）
	第四研修室	24	ぼくが男性学を始めたわけ（メンズスタディーズ研究会）	IMF（国際通貨基金）体制下の韓国の男性・父親の実像と虚像（鄭菜基：韓国父親財団）	
	サークル活動室	20	男・女の問題を考える（ジェンダー研究（準備）会岡山）	感情をつかみ表現するためのグループカウンセリング（林真一郎）（＊1）（＊3）	構造的エンカウンターグループ〇〇らしさとは（岡部一志）（＊3）
2階	会議室	18	男の働き方「再考」——起業・NPOの可能性を考えよう（男性セミナーOB会）	ある同性愛者の体験——互いをよく知ることで、つながろう（神谷ひでとし）（＊4）資料代600円	ナンパ男と主夫の男性原理——恋愛市場の勝者には共通点がいっぱい（松代守弘）
	料理実習室	48	味くんのほっとステーション（味くん）（＊4）実費		
1階	介看護実習室	25	男の気づきのワークショップ（再評価（コウ）カウンセリングの会）	男たちの「からだとことば」（三好哲司）	ゲイの社会人として生きる——モデルケースなき道を自分らしく（アカー・社会人ミーティング）
	子ども室	15＋5	お父さんの保育室（男も女も育児時間を！連絡会）		

（＊1）このワークショップ（分科会）は男性のみの参加とさせていただきます.

（＊2）このワークショップ（分科会）は自治体関係者向けですが，一般の方も参加できます．ただし，午前午後通しての参加が前提となり，かつ定員があります.

（＊3）現在，治療カウンセリングを受けている方，必要のある方は治療者，カウンセラーの同意を得た上で参加してください.

（＊4）このワークショップ（分科会）に参加には（ママ），資料代もしくは参加費がフェスティバル全体の参加費とは別に，必要です.

出典：「メンズフェスティバル '98 in 東京」参加者配布プログラム.

る次の4つの類型として把握することが可能である。すなわち、①構成員自身の問題解決のために構成員同士が直接コミュニケーションをはかる「話し合い」、②メディアを通じて構成員同士が情報交換を行い問題解決をはかる手段としての「機関誌の発行」、③メディアを通して団体構成員以外の人々に問題意識を訴えたり活動への参加を呼び掛けたりする「ホームページ開設や出版物の発行」、④団体構成員以外の人々と直接会って問題意識を伝えたり変化を促したりする「イベントやワークショップの開催」である（多賀 2006: 177-180）。

こうした具体的な取り組み方法以上に、メンズリブの流れを汲む団体の活動が、それまでの男性運動のみならず多くの社会運動と比べて特徴的だったのが、行政機関と積極的な連携を図ったことである。たとえば、11回にわたる「男のフェスティバル」の大半は、各地の女性センター（1990年代は「男女共同参画センター」ではなく「女性センター」と呼ばれていた）を会場として開催されており、センターやセンターを管轄する自治体との共催で実施されたケースもある。男のフェスティバルには、全国各地の自治体の男女共同参画担当部署や女性センターから、多くの職員が出張や自主的な研鑽の目的で参加しており、フェスティバルで学んだ内容や手法を参考にした男性向け講座が各地で開かれていった。また、メンズセンターをはじめとする各地の男性グループのメンバーが自治体主催の男性講座の講師を務めたり、男性講座の修了生たちが自主的にグループを立ち上げて活動を継続し、後に彼らが男性講座の講師を務めたりといった例も多く見られた。

その一方で、メンズセンターをはじめとする各団体は、政府に対するロビー活動などはほとんどしなかった。さまざまな男性問題の解決に向けたメンズリブの取り組みの大半は、具体的な手法は違えども、あくまで学習、意識や行動の変革、家族との関係性の変化といった、どちらかといえば個人やミクロなレベルでの人間関係に焦点を当てたものであり、そうした個人の意識や行動を背後で規定するマクロな社会構造の変革やそのための制度・法律の改正などを訴える活動は基本的にしてこなかった。行政との連携においても、その大半は学習・啓発事業だった。そうした意味では、メンズリブは、かつての日本の男性運動の代表としてとらえられているが、社会運動というよりは市民活動や生涯学習の色合いが強かったといえるかもしれない。

バックラッシュとメンズリブの拡散・衰退

2000年代の半ばを過ぎると、社会運動としてのメンズリブは次第に終息していった。メンズリブを名乗っていた各地の団体の多くが活動を休止して解散していき、男のフェスティバルも2008年を最後に開催されておらず、メンズセンターの事務所も2010年に閉鎖された（大山 2018）。こうした社会運動としてのメンズリブの衰退の背景として、少なくとも次の3点が考えられる。

1点目は、運動の成熟に伴う、運動内部の差異の顕在化である。当初は、男性同士でジェンダー問題について安心して話し合い交流ができる場が他になかったため、問題意識や悩みの細かな違いよりも、ジェンダー問題に関心を持つ男性という共通性が彼らをメンズリブへと結びつけていた。しかし、活動を通じて各個人の問題意識や置かれた立場をお互いに理解していくにつれて、お互いの違いが目立つようになっていった。たとえば、フェミニストのパートナーに影響されて男性の特権性や加害者性の問い直しを最も重視する男性もいれば、働きすぎや過労といった男性自身の生きづらさを最も重視する男性たちもいた。また、同性愛者の男性、父子家庭の父親、失業した男性、引きこもりの男性など、立場が異なれば重視したい男性問題もそれぞれに異なる傾向にあった（多賀 2006: 182-183）。そうしたなか、2000年代後半になると、SNSの普及によって関心が重なる人同士がネットを通してつながることがより容易な社会が到来し、必ずしも関心がぴったりと重ならない男性同士が「メンズリブ」の名のもとにフェイス・トゥ・フェイスで語り合うことのメリットが相対的に低下していったと考えられる。

2点目は、2000年代に入ってから、いわゆる「バックラッシュ」と呼ばれるジェンダー平等の取り組みに対する保守派からの一連の攻撃が激化したことである。そこでは、保守系の政治家や学者やジャーナリストたちが、男女共同参画行政一般、とりわけ当時「ジェンダー・フリー教育」と呼ばれていた男女の固定的な役割からの解放を志向するジェンダー平等教育や、性的自己決定権や人権を重視する「包括的性教育」に対して、「過激」とのレッテルを貼り、そうした教育の推進を阻止しようとする一大キャンペーンを張った(2)。

これらのバックラッシュ派が、メンズリブ自体を名指しで取り上げて標的にすることはそれほど多くはなかった。しかしメンズリブは、固定的な男らしさからの解放を問題意識の中核に据え、早くから男性の性のあり方の批判的問い直しや性の多様性への啓発にも取り組んでおり、「ジェンダー・フリー教育」や包括的性教育と親和的であったこともあり、メンズリブ関係者が講師を務める自治体主催の講演が、保守派の議員からの圧力と思われる理由で急遽中止されたこともあった。こうした雰囲気の中で、当時は、行政の側も男女共同参画やジェンダー問題に関わる踏み込んだ事業が実施しにくくなっていた。これらのことをふまえれば、2000年代のバックラッシュの衝撃は、それまで行政との連携のもとで活動し拡大してきたメンズリブの終息に少なからぬ影響を与えたと考えられる。

3点目は、メンズリブがある意味でその歴史的使命を一定程度果たし終えたという側面である。メンズリブは、男性同士の語り合いなどを通じて、それまで言語化されてこなかった男性たちのモヤモヤとした悩みを言語化し、それを各種の方法で他の男性たちに伝えるとともに、その解決のためのさらなる学びや話し合いの場を提供してきた。メンズリブと接点を持つことが、そうした情報や場を得られる唯一の手段だった時代には、男性問題に関心を持つ男性たちは、こぞってメンズリブの活動に参加した。しかし、メンズリブが提起した問題意識や取り組みが、マスメディアの報道や行政の講座などを通じてより多くの男性たちに届けられるようになると、必ずしもメンズリブの団体のメンバーとして活動しなくとも、男性問題に関するニーズをある程度満たすことが可能となった。つまり、メンズリブはその目的の達成にある程度成功したがゆえに、皮肉にもその存在価値の相対的な低下を招いたと考えられるのである（多賀 2006: 181）。ただし、今から思えば、この2000年代の時点で、メンズリブが提起してきた問題意識を共有し、その解決に取り組もうとしていた男性は、男性全体の中ではほんの一握りの人々だった。メンズリブのメッセージは、当時そうした問題に関心を持っていた一部の男性たちの間で一時的に飽和状態となっただけであって、多数派の男性たちには届かないまま、「メンズリブ」を名乗る活動は終息を迎えることになった。

2　政府による男性向けジェンダー施策の展開

男女共同参画の一環としての男性施策

次に、政府による男性問題への対応の歴史を振り返ってみよう。行政による男性問題への対応の最も大きな背景をなすのが、男女共同参画政策である。1999年に男女共同参画社会基本法が成立した。女性政策から男女共同参画政策へという呼称の変化は、日本の行政政策において、従来女性だけに関わるものとみなされてきた社会課題の多くを男性にも関わる問題として位置付け直すうえで、1つの大きな転換点だった。

ただし、男女共同参画社会基本法の成立や男女共同参画という言葉の流通が、即座に、国民の間での男性問題に対する関心を高めたり、男性問題に対応する施策の充実につながったりしたわけではなかった。

男女共同参画社会基本法第13条の規定に従い、政府は2000年に最初の男女共同参画基本計画（2001—05年度）を策定した。その後も5年ごとに、第2次（2006—10年度）、第3次（2011—15年度）、第4次（2016—20年度）、第5次（2021—25年度）と計5期にわたって基本計画を策定してきた。

これらのうち、第1次計画と第2次計画における諸施策は、基本的に、いずれかの性別にも特化しない施策か、女性に焦点を当てた施策であり、男性に焦点を当てたものはほとんど見られない。数少ない例外として、第1次計画では、全11の施策分野の1つである「5　男女の職業生活と家庭・地域生活の両立の支援」を構成する27項目の1つに「父親の家庭教育参加の支援・促進」が挙げられているのと、「7　女性に対するあらゆる暴力の根絶」の中で、厳正な対処の推進が望まれる加害者として「夫・パートナー」が措定されているくらいである。第2次計画でも、全12の施策分野の1つである「5　男女の職業生活と家庭・地域生活の両立の支援」を構成する31項目の中に、「育児期の男性の働き方の見直し」「父親の家庭教育参加の支援・促進」「男性の家庭生活への参画促進のための広報・啓発等」の3項目が挙げられているのみである。

それに対して、第3次計画は、男性を男女共同参画政策の明確なターゲットとして措定したという点で、政府の男性政策の歴史においては画期的なものだった。第3次計画では、「男性、子どもにとっての男女共同参画」という分野が新設され、その中の「男性にとっての男女共同参画」に関する施策には、基本的方向として「男性にとっても生きやすい社会の形成をめざし、男性に関する固定的性別役割分担意識の解消に関する調査研究を行うとともに、男性への意識啓発や相談活動などを行う」ことが盛り込まれた（資料5－2、内閣府男女共同参画局 2016)。これを受けて内閣府男女共同参画局は、2011～12年にかけて「男性にとっての男女共同参画」に関する全国意識調査を実施し、2014

資料5-2　第３次男女共同参画基本計画における男性に焦点を当てた施策

第３分野「男性，子どもにとっての男女共同参画」

1　男性にとっての男女共同参画

ア　男性にとっての男女共同参画の意義についての理解の促進
　① 男性にとっての男女共同参画に関する広報・啓発等
　② 男性の男女共同参画に関する調査の推進
イ　企業における男性管理職等の意識啓発
ウ　男性の家庭・地域への参画を可能にする職場環境の改善
　① 仕事と生活の調和のとれた参画を可能にする職場環境の改善
　② 多様な働き方の普及，普及のための検討
　③ 育児休業その他の仕事と子育ての両立のための制度の一層の定着促進
　④ 介護休業その他仕事と介護の両立のための制度の定着促進等
　⑤ 職場における健康管理の推進
エ　男性の家庭・地域への参画を可能にする地域等の取組支援
　① 男性の地域活動への参画支援
　② 高齢男性の日常生活自立支援
　③ 男性の子育てや家庭教育への参画支援
オ　男女間における暴力の予防啓発の充実
カ　食育の推進
キ　男性に対する相談体制の確立や心身の健康維持等
ク　その他の関連する施策
　第５分野　男女の仕事と生活の調和
　第８分野　高齢者，障害者，外国人等が安心して暮らせる環境の整備
　第９分野　女性に対するあらゆる暴力の根絶
　第10分野　障害を通じた女性の健康支援

出典：内閣府男女共同参画局（2016）．

年には「地方自治体等における男性に対する相談体制整備マニュアル」を作成した。

この時期には、男性のための男女共同参画に関するさまざまな啓発事業や、職場・地域での取り組み事例も収集された。男女共同参画局のウェブサイトには、「男女共同参画の意義や取組について、男性の立場・視点から理解を深め」るための情報発信を目的とした「男性にとっての男女共同参画 ポータルサイト」(3)が設置されているが、ここに

掲載されているその情報の大半は、第3次計画期間に実施された調査結果や取り組みの事例である。たとえば、キーパーソンの取り組み事例では、内閣府主催のセミナーの受講者が自身の所属する職場においてどのような取り組みを行ったのかについて紹介している。また、「男性にとっての男女共同参画」推進に向けた地方自治体の取り組みとして19の自治体の取り組みと、「男性の地域活動への参画 好事例集」として全国23地域における事例が紹介されている。『男女共同参画白書 平成26年版』でも「変わりゆく男性の仕事と暮らし」が特集として組まれ、各種統計に基づいて男性の現状が広く示されるとともに、それらの取り組み事例などが紹介された（内閣府男女共同参画局 2014a）。

男性相談体制の整備

前項でも触れたが、男性問題への対応策として、この時期に実施された最も重要な取り組みの1つが、男性相談体制の整備へ向けた取り組みである。『地方自治体等における男性に対する相談体制整備マニュアル（改訂版）』では、各種調査データに基づき、男性をめぐる諸問題として、次のような例を挙げている。すなわち、男性の自殺者数の多さ、孤独感を感じる男性の多さ、男性雇用者に占める非正規雇用者や男性の完全失業率の増大と男性の経済的役割に対する期待とのギャップ、高齢者介護にかかる男性介護者による虐待、配偶者に対する男性のドメスティックバイオレンスなどである（内閣府男女共同参画局 2014b: 3-7）。

これら一連の問題は、先述の「男性の生きづらさとしての男性問題」と「女性問題の原因としての男性問題」の両方を含んでおり、単に男性の悩みを解決することにとどまらず、女性問題の解決の観点からも、これらの問題への対応が望まれる。

ところが、調査結果からは、男性たちの間には「男は弱音を吐くべきではない」「相談するべきではない」という意識が根強いことがうかがえ、上記のような問題を抱えたり、問題を引き起こしながら自らも悩んだりしている場合でも、男性はそれらを誰にも相談せず、一人で抱え込んで苦しんでいる可能性があるという。こうした状況を改善するためには、「男性が相談してもよい」という考え方を浸透させていくことが必要であり、そのためには男性だけが相談できる窓口（男性相談窓口）の整備が求められる（内閣府男女共同参画局 2014b: 7-10）。

こうしてこのマニュアルでは、男性相談体制の整備に取り組む地方自治体等で活用されることを念頭に、「男性相談のあり方、課題、自治体等における整備方策、相談員の確保・育成、開設・運営のノウハウ」など、具体的なアドバイスを記載している。

なお、このマニュアルを作成するにあたり、2012年に全国の都道府県・政令都市及び男性相談を実施している市区の合計87カ所を対象に調査が実施されている。それによれば、男性相談の開設時期は2000年を嚆矢として2006年や2011年が多く、相談方法としては、対象となった自治体の90・7％が電話相談を、37・2％が面接相談を実施していた。電話相談の実施頻度は月1～2回が多く、相談内容は「夫婦」「子ども・親子」「健康」「仕事」の問題が多かった。男性相談業務の課題としては、「相談件数が少ない」「相談員の育成が難しい」「予算が少ない」という回答が多かった（内閣府男女共同参画局 2014b)。

さらに、このマニュアルでは、特に慎重な対応が求められる配偶者等からの暴力に関する相談については、別冊（内閣府男女共同参画局 2014c）においてまとめている。加害男性に対しては、加害相談に対する専門的な知識や経験等を有した相談員が対応して、「暴力」に対して毅然とした態度を保ち、被害者保護（情報管理）を徹底する一方で、相談を最後まで聴き、相談者の感情の言語化を促し、状況に応じて非暴力に向けたメッセージを伝えること、また関係機関等と連携することを勧めている。さらに、男性被害者からの相談も目立ってきているなかで、被害者保護や関係機関等との連携を図るとともに、自分の傷つき（被害者性）を認識するための傾聴の重要さが述べられている。

このマニュアルの刊行後、全国各地の自治体で男性相談体制の整備が進み、内閣府男女共同参画局のウェブサイトによれば、本稿執筆時には、36都府県に計73カ所の男性相談窓口が設置されている(4)。

子育て支援の一環としての男性施策

先述のように、具体的な男性向けジェンダー施策にはさまざまなものがあるが、近年の施策のなかでも比較的大きな割合を占めているのが、父親に対する子育て支援策である。日本の父親支援策は、男女共同参画政策の一環であると同時に、当初から少子化対策としての性格を強く持ちあわせてきた。

１９９０年の1・57ショック以来、政府は、少子化を食い止めるために、矢継ぎ早に法整備やさまざまな政策パッケージを策定してきた。１９９１年には育児休業法が成立し、子育て支援策として１

995年には「エンゼルプラン」が、2000年には「新エンゼルプラン」が策定された。ただし、1990年代からの一連の少子化対策を父親支援の観点から検討した小崎恭弘と増井秀樹（2015）によれば、この時期にはまだ、男性を子育ての主体として想定した具体的施策が展開されていたわけではなかった。1995年の「エンゼルプラン」では、少子化の原因を主に女性に求めており、育児休業についても、特に性別には言及していないものの、女性による取得が想定されていたと推測される。2000年の「新エンゼルプラン」でも、固定的な性別役割分業の是正に言及されてはいるものの、父親の子育て支援に結びつくものは見られず、依然として子育ての担い手としては女性が想定されている。

1999年に旧厚生省によって、当時としては衝撃的な「育児をしない男を、父とは呼ばない。」というキャッチフレーズとともに、父親の育児参加のための啓発が行われたことはよく知られているが、この頃はまだ、男性の長時間労働の是正などの具体的な父親の育児支援策はなく、ある意味で男性の子育て参加の不足の原因を男性個人に帰し、啓発のみで乗り切ろうとしていたといえなくもない。

しかし、2000年代になるとようやく、少子化対策のなかで男性の子育て支援についての言及がなされるようになる。小崎・増井（2015）によれば、この時期に少子化の進行が強く社会に意識され、これまで子育て支援の範囲とは考えられていなかった企業や父親が「少子化・子育て支援」の文脈に組み込まれるようになった。そうしたなか、少子化対策において初めて男性の子育て支援に具体的に言及したのが、厚生労働省が2002年に発表した「少子化対策プラスワン」である。そこでは、「男性を含めた働き方の見直し、多様な働き方の実現」の具体的取り組みとして「子どもが生まれたら父親誰もが最低5日間の休暇の取得」が挙げられ、男性の育児休業取得率10％が目標として掲げられた。翌年の2003年には「次世代育成支援対策推進法」と「少子化社会対策基本法」が相次いで制定されるなかで、「少子化対策プラスワン」で示された方向性はその後の政策にも受け継がれ、2005年の「子ども子育て応援プラン」には、「男性の子育て参加促進に向けた企業等における取り組みの推進」「男性も家庭でしっかりと子どもに向き合う時間が持てる」ことなども示された。

さらに、2010年の「子ども子育てビジョン」では、主にワーク・ライフ・バランスに焦点を当てながら、長時間労働の抑制や年次有給休暇の取得促進、ライフスタイルに応じた多様な働き方の選択肢の確保、男性の家事・育児に関する意識改革などが盛り込まれるとともに、父子家庭や男性の不妊治療への支援にも言及された。また、このプランのもとでの注目すべき施策として、父母双方が育休を取得すると育休期間が延長される「パパ・ママ育休プラス」制度（2010年施行）や、家族、企業、地域が一体となって男性の育児参加を促進する「イクメンプロジェクト」（2010年開始）[(5)]などを挙げることができる（小崎・増井 2015）。

第4次基本計画以降の男性政策の弱体化

しかしながら、施策分野としての「男性にとっての男女共同参画」は、2016年度から施行された第4次計画では削除されてしまう。そして、新たに設定された「男性中心型労働慣行等の変革と女性の活躍」という施策分野を構成する5項目の中に、「家事・育児・介護等に男性が参画可能となるための環境整備」「男女共同参画に関する男性の理解の促進」という2項目が掲げられたものの、男性への働きかけは女性活躍の手段としての位置付けにとどまっており、男性政策としては第3次計画から明らかに後退した。

これには、安倍政権のもとで展開されてきた一連の「女性活躍推進政策」が大きく影響していると考えられる（大東 2016）。第4次計画が策定された前年の2014年には「女性活躍推進法」が制定されている。安倍政権における女性活躍推進政策は、男女平等の視点に立った人権政策の側面は弱く、成長戦略と結びついた経済政策の色合いが強いとされてきた。これまでの成長戦略の一環として、労働力としての女性の雇用促進を重視してきた女性活躍推進政策が、「性別役割分担意識」の変更、雇用の場での男性の意識改革といった要素に広がっていった。そして、女性の問題全般を検討材料とする「すべての女性が輝く政策パッケージ」へと展開し、労働力としての女性の雇用増加という観点と、多様な女性の生き方支援についての行動目標化という2つの流れとなって展開してきた。こうしたなかで、第4次計画では、「男性にとっての男女共同参画」は女性活躍のための背景へと後退するに至ったと考えられる。

さらに、続く第5次計画では、全11の施策分野のいずれからも「男性」という言葉が消えてしまった。確かに、第2分野「雇用等における男女共同参画の推進と仕事と生活の調和」の中の「ワーク・ライフ・バランス等の実現」では、第4次計画における「男性中心型労働慣行」変革に関する施策の方向性が引き継がれており、「男性の子育てへの参画の促進、介護休業・休暇の取得促進」のための具体的取り組みが7項目にわたって述べられているものの、その大半はすでに施行されている取り組みをさらに推し進める旨の記述にとどまっている。

それ以外に男性に焦点化された記述といえば、第5分野「女性に対するあらゆる暴力の根絶」における取り組みの1項目の中で男性被害者等への配慮や相談・支援体制の充実が挙げられたことと、第7分野「生涯を通じた健康支援」において、男性は生活習慣病や孤立のリスクを抱えやすいことと男性の更年期障害に一言触れられたことくらいしか見当たらない。第5次計画の副題が「すべての女性が輝く令和の社会へ」であることからもうかがえるように、ここでも、第4次計画の路線がほぼ引き継がれている。本書の各所で述べてきたように、「女性が輝く」ためにこそ、男性に焦点を当てた具体的な施策も充実させる必要があるのだが、第5次計画においてもそうした視点はきわめて希薄であると言わざるを得ない。

3　ソーシャルビジネスとしての展開

父親支援事業の興隆

前節まで、男性運動と政府による政策という2つの側面から、日本における男性問題への対応の歴史を振り返ってきたが、2010年代になると、そうした活動をソーシャルビジネスとして展開する動きが目立つようになってきた。ここでいうソーシャルビジネスとは、「社会的課題の解決を図るための取り組みを持続可能な事業として展開すること」（デジタル大辞泉）を指す。

そうしたなかで、最も成功を収めているると思われるのが、２００６年に安藤哲也氏を代表理事として設立されたＮＰＯ法人ファザーリング・ジャパン（以下、ＦＪ）である。ウェブサイトでは、当団体について次のように紹介されている。「Fathering Japan は、父親支援事業による「Fathering」の理解・浸透こそが、「よい父親」ではなく「笑っている父親」を増やし、ひいてはそれが働き方の見直し、企業の意識改革、社会不安の解消、次世代の育成につながり、10年後・20年後の日本社会に大きな変革をもたらすということを信じ、これを目的（ミッション）としてさまざまな事業を展開していく、ソーシャル・ビジネス・プロジェクトです(6)」。

資料５－３に示すように、ＦＪは非常に幅広い活動を展開しているが、それらは、大きく分けて、父親の育児参加促進を中心に据えた子育て中の家族に対する支援活動と、企業および自治体による従業員や住民に対する子育て支援事業のサポート活動という２つの柱から成り立っていることがうかがえる。

１９９０年代から２０００年代にかけてのメンズセンターをネットワークのハブとしたメンズリブの活動と比較した場合、ＦＪの活動にはいくつかの特徴を見出すことができる。

第１に、父親問題への焦点化である。メンズリブでは、さまざまな男性問題があるなかで、あえていずれか特定の問題に焦点化せず、それぞれの問題に関心を持つ多様な立場の男性たちがゆるやかにつながりながら活動を展開していた。それに対してＦＪにおいては、幅広い事業が展開されながらも、それらのほとんどが父親の子育て参加支援を中心に組織化されており、それを梃子にした社会変革が構想されている。この点でFJの方針は、第3章で紹介したイギリスの「ファーザーフッド・インスティテュート」や国際的プロジェクト「メンケア」の戦略と軌を一にしている。

第2に、政策への関与の強さである。メンズリブにおいても、先述のように、全国大会を女性センターと共催で開催したり、男性グループのメンバーが地方自治体の男性講座の講師を務めるなどという形で行政と連携をとっていたが、FJは、そうした地方自治体との連携に加えて、政府レベルでの政策策定にも積極的に関与してきた。たとえば、代表理事の安藤氏は、厚生労働省が2010年から開始した「イクメンプロジェクト」(7)推進チームで座長を務めるなど、FJは日本における「イクメン」をキーワードとした父親の育児参加促進の取り組みの牽引役を担ってきた。

第3に、企業との関係の強さである。その代表的な活動が、管理職養成事業としての「イクボス・プロジェクト」である。(8)FJでは、「職場で共に働く部下・スタッフのワークライフバランス（仕事と生活の両立）を考え、部下のキャリアと人生を応援しながら、組織の業績も結果を出しつつ、自らも仕事と私生活を楽しむことができる上司（経営者・管理職）」を「イクボス」と名付け、「イクボスが増えれば、社会が変わる」との構想を打ち立てている。そして、各組織での研修後に、組織のトップや幹部らによる「イクボス宣言」を実施したり、加入企業のみが参加できる勉強会や情報交換会などを行うクローズドの「イクボス企業同盟」を組織したりして、宣言を行った組織や同盟への加入企業名の一覧をウェブサイトで公開している。また、個人会員のみならず、活動を資金面でも支える法人会員も募っている。(9)

資料 5-3　FJ の活動内容一覧

■男性の子育て・家事支援
- パパの準備できてますか「プレパパプロジェクト」
- 『産休パパ』になろう「さんきゅーパパプロジェクト」
- 産後うつの予防＆サポート「ペンギンパパプロジェクト」
- 男性の家庭進出「主夫の友」
- 子どもが思春期になったら「stand by Me プロジェクト」
- 働きながら，家族がトモに食事ができる世の中を創る「トモショクプロジェクト」

■夫婦のパートナーシップ応援
- 笑顔の夫婦に！「パートナーシッププロジェクト」
- ママの『働く』をパパも応援「マザーリング・プロジェクト」

■地域活動をする男性（イキメン）推進
- パパの PTA 参画のススメ「メンズ PTA」

■ママの生き方・働き方応援
- ママのエンパワーメント「マザーリング・プロジェクト」
- 産後 3 か月のサポート「3・3 産後サポートプロジェクト」

■孫育て・多世代育児の推進
- おじいちゃん，おばあちゃん向け孫育て講座　など

■支援・基金事業
- 発達障碍児の父親と家族支援「メインマン・プロジェクト」
- 東日本大震災支援「パパエイド基金」

■管理職養成事業
- 新しい時代の管理職「イクボス・プロジェクト」

■男性の働き方改革・育休取得推進
- 男性の育休取得促進「さんきゅーパパ・プロジェクト」

■女性の活躍推進
- 女性のキャリアを支援「マザーリング・プロジェクト」

■調査・研究事業
- 子育て世代の100年ライフに関する意識調査
- 【参院選】各党の子育て・働き方施策を独自比較
- 乳幼児パパたちの「隠れ育休」調査　など

■父親学校「パパスクール」運営
- 日本初の父親学校「ファザーリング・スクール」

■親子遊び・絵本読み聞かせ
- 父親ならではの各種講座（親子遊び，段ボール工作，バルーンアート，絵本の読み聞かせなど）

■全国フォーラムの開催
- 父親の笑顔，母親の笑顔，子どもの笑顔が社会を変える！
- 全国各地で開催「ファザーリング全国フォーラム」

■その他の活動

出典：FJ ウェブサイト〈https://fathering.jp/about/index.html〉より（2020年 6 月 8 日最終確認）.

DV問題への対応と男性相談

最後に、父親支援事業以外に、民間事業者による男性問題への対応が行われている事業例として、DV問題への対応と男性相談を挙げておきたい。

従来、DV問題への対応といえば、各自治体に設置されている配偶者暴力相談支援センターや民間シェルターと連携した女性被害者の保護や自立支援が中心であった。大半を男性が占める加害者については、DV防止法における保護命令などの司法による対応以外については、ほとんど対応がなされてこなかった。また、直接の被害者でも加害者でもない（と思っている）多数派の人々に対する啓発についても、政策的にそれほど力点が置かれてきたとは言いがたい。

しかし、DV問題の解決のためには、被害者の保護・支援が必要なのはもちろんだが、加害者の更生や、加害者を生み出さない幼少期からの未然防止教育、そして社会の多くの人々がDV問題について適切に理解し被害者への適切な対応の仕方を学ぶ機会の提供や、暴力を容認しない社会意識の醸成も不可欠である。

こうしたなか、DV加害者更生については、2019年3月に、全国でDV加害者更生に取り組む団体や個人が「DV加害者更生教育プログラム全国ネットワーク（PREP Japan）」を設立し、被害者支援と加害者対策は社会からDVをなくすための「車の両輪」であるとして、DV加害者更生義務の法制化を含めた加害者対策の推進を図っている(10)。

未然防止教育については、特に対象を男性や少年に限定しているわけではないが、婚姻関係にないパートナー間の暴力であるデートＤＶの防止に関わる活動をしている機関・団体・個人が集まって、２０１８年に「ＮＰＯ法人デートＤＶ防止全国ネットワーク」を設立し、デートＤＶの実態や予防教育に関する調査研究、予防教育の普及、政策提言などに取り組んでいる。(11)

さらに、すでに第3章で紹介したように、２０１６年に筆者らが立ち上げた一般社団法人ホワイトリボンキャンペーン・ジャパンでは、ＤＶの当事者ではない（と思っている）社会の大半の人々、特に男性に対して、ＤＶ問題を他人事としてとらえるのではなく、社会の一員としてその防止や解決のために男性にもすべきことやできることがあるとの観点から啓発を行っている。(12)

一方、男性相談については、すでに見たように、現在のところ、各自治体が設置した相談窓口での相談が中心であるが、民間においても、先駆的あるいはユニークな男性向けの相談事業が展開されている。すでに紹介した『男』悩みのホットライン」はその先駆けである。それ以外にも、かつてのメンズリブ研究会やメンズセンターの活動から派生した男性問題専門の民間相談事業も展開されており（濱田ほか 2018；吉岡 2015）、男性問題の視点に立った医師による診療（石倉 2019；海原 2016）も行われている。

以上、男性市民グループ、政府と自治体、民間事業者という3種類の担い手に焦点を当てながら、日本における男性問題への対応の歴史を振り返ってきた。これらの事実は、いまだ多くの人々には知られておらず、特にメンズリブとそれ以前の市民活動における取り組みの記憶は、ジェンダー平等を目指す市民活動や政策に関わる若い世代の人々にはほとんど受け継がれていない。日本におけるジェンダー平等に向けた男性政策を今後考えていく上では、海外の取り組みから学ぶのに劣らず、日本における取り組みの歴史を掘り起こし、伝え、そしてそれを学ぶこともまた重要であろう。

注（URLはすべて2020年6月1日確認）
（1）中村彰（2020）「メンズセンター」〈http://office-nakamura1120.net/Akira3.htm〉
（2）バックラッシュの動向については、伊藤（2009）に詳しい。
（3）内閣府「男性にとっての男女共同参画　ポータルサイト」〈http://www.gender.go.jp/policy/men_danjo/index.html〉
（4）内閣府男女共同参画局「別表一覧　男性相談・公共」〈https://www.gender.go.jp/research/joho/pdf/01-8.pdf〉
（5）厚生労働省「イクメンプロジェクト」〈https://ikumen-project.mhlw.go.jp/〉
（6）ＮＰＯ法人ファザーリング・ジャパン〈https://fathering.jp/about/index.html〉
（7）注５と同じ。
（8）ＮＰＯ法人ファザーリング・ジャパン「管理職養成事業」〈https://fathering.jp/activities/iku-boss.html〉
（9）ＮＰＯ法人ファザーリング・ジャパン「入会案内」〈https://fathering.jp/membership/index.html〉
（10）ＤＶ加害者更生教育プログラム　全国ネットワーク PREP Japan〈https://www.facebook.com/PREP.Japan/〉
（11）ＮＰＯ法人デートＤＶ防止全国ネットワーク〈https://notalone-ddv.org/organization〉
（12）一般社団法人ホワイトリボンキャンペーン・ジャパン〈https://wrcj.jp/〉

❖コラム6　気づかれにくい男性たちのニーズに応える（香港）

香港では男の子と男性に対する社会的成功への期待がとても強い。それでも、今の中高年世代は、頑張っていい大学を出れば人並みの生活を送ることできていた。しかし、今の若者たちは、いい大学を出て職を得ても家を買うことさえもできず、人並みの暮らしが送れる保証はない。現地での聞き取り調査の期間中、男性たちの口からこうした嘆きの言葉が何度となく聞かれた。

こうしたなか、香港では近年、家庭責任を妻と共有し、育児や子どもの教育により多くの時間を使う男性たちが増えているとされており、そうした動きは社会的にも歓迎されている。こうした変化を後押しする背景の1つとして、男性一人の稼ぎだけでは家を買うことも人並みの生活を送ることもできないため、妻も働いてたくさん稼いでくれることを期待する男性が増えていることを指摘する研究者もいる。

とはいえ、男性たちの家庭参加が必ずしも一様かつスムーズに進んでいるとは限らない。家事や育児をすることに対する男性たち自身の受け止め方もさまざまなようだ。

たとえば、中流以上の家庭では、妻が仕事のために担えなくなった家事をすべて夫がカバーしているわけではなく、多くの場合は外国人の家事労働者を雇って補うことが多い。もっとも、高学歴の中流家庭で自ら進んで育児に参加している男性たちは、そのことによって夫婦関係が良好になり、子どもとも比較的よい関係を築き、それが彼ら自身の自己成長にもつながっている場合が多いという。

それに対して、労働者階級や貧困層では、稼ぎが少なくて家事労働者を雇えないから、仕方なく男性も家事や育児を行っているケースが多い。また、独身であったり、離婚したり、怪我をして失業したりして不本意に親の介護をしている男性たちもいる。彼らの中には、「自分は女の仕事をしている」と感じ、自らの男性アイデンティティを脅かすそれらの役割を受け入れられないでいる人も少なくないという。

香港では、彼らをはじめとしてさまざまな悩みを抱える男性たちを対象とした公的支援策はいまのところ見られず、そうしたニーズにはキリスト教系慈善団体を中心とする民間組織が対応している。基本的に政府からの財政援助はなく、活動費は民間財団からの助成金と利用者からの費用の徴収でまかなっている。近年では、離婚、ギャンブル、夫婦関係の問題などに悩みを抱えた男性や、DVや性犯罪の加害から抜け出したいと望む男性たちが支援を求めて訪れることが多くなっているという。彼らの取り組みにおける特徴の1つが、心理的な側面からの支援にとどまらず、社会福祉の観点からソーシャルワーカーが中心となって支援を展開していることである。

民間団体で男性の心身の健康に対する相談・支援事業を実施している男性は、従来の香港の社会福祉サービスは、利用者として女性を想定し、男性のニーズを見過ごしてきたと語る。たとえば、離婚後に公営住宅に入れるのは子どもの親権を持つ親だけで、そのほとんどが女性であるため離婚後の男性には行き場がなかった。ソーシャルワーカーの多くが、男性は自分のことは自分でなんとかできるはずだというステレオタイプ的な男性観を持ち、失業した男性に職業訓練を施して労働市場に送り返すことはしても、彼らの生活上の支援は軽視してきた。こうした反省に立って、気づかれにくい男性たちのニーズに応えようとしているのだという。

ソーシャルワークの視点が不足している日本の男性政策が、香港の民間の取り組みから学べることは多そうだ。

第6章　男性ジェンダー政策の視点と方法

これまで本書では、現代の男性たちをめぐる「危機」の諸相と、そうした危機への対応の動きについて、各国や国連、EUの動向、先進事例としてのスウェーデン、そして日本の事例を概観してきた。本書の最終章にあたる本章では、これまでの内容をふまえつつ、危機への対応としての男性対象のジェンダー平等政策の視点と方法についてまとめておきたい。

1　男性ジェンダー政策の意義と可能性

男性ジェンダー政策の必要性

本書の各章において、さまざまな側面から、男性に明確に焦点を当てたジェンダー平等を目指す政策の必要性を示してきた。第1章でも触れたように、それは次の2点に集約できる。1つは、ジェンダー平等の発展のなかで男性たちに向けられた「男性主導社会を変えるべきだ」という声であり、もう1つは、社会の大きな変容のなかで男性たちがさまざまな問題を抱え込み始めたということだ。

現在のジェンダー不平等状況＝性差別状況の背後には、男性の意識や生活態度がその原因をなしている側面がある（「女性問題の原因としての男性問題」）。だからこそ、ジェンダー不平等状況の解消のためには、男性の変化が求められている。女性たちが直面する問題は、男性不在の女性だけの社会において生じているのではなく、その多くは男性との関係性のもとで生じている。女性に対する暴力は、ほとんどが男性による加害によって生じている。女性のキャリアアップの困難には、職場の男性たちの女性観や女性の進出への抵抗がある。さらに働く女性にとっては、家庭で夫が家事・育児責任の多くを妻に任せてしまっていることも大きく影響している。つまり、性差別＝女性問題の解決のためには、女性に働きかけただけでは十分ではない。いまだ社会のマジョリティと思い込む一方で、家庭生活においては女性に依存し続けている男性に対して真摯に働きかけ、女性の安心・安全を脅かすことのないよう、また女性のキャリアアップを阻害するのではなくむしろそれを支援するよう、男性の変化を促す必要があるのだ。

他方で、男女で異なる役割期待のもとで男性も苦しんできた側面（「男性の生きづらさとしての男性問題」）にも注目する必要がある。すでに述べたように、われわれの社会は、「女性に負けてはならない」「家族を養えてこそ一人前」「男は弱音を吐くな」といった狭く定義された「男らしさ」の達成へと男性を駆り立ててきた。そうした「男らしさ」が達成できない男性は、社会の規範と自らの実態との間のギャップに悩み苦しむことになる。また、たとえそうした「男らしさ」の期待にどうにか応え続けられたとしても、それが男性の生活の質を低下させたり、心身の健康を蝕んだりもする。しかも男性は、女性以上に他人に相談せず悩みを抱え込んでしまう傾向にある。したがって、既存の「男らしさ」を社会全体で問い直すとともに、それらに男性が縛られることなく安心して相談できる体制を整備することが求められるのだ。

「性差別＝女性問題の原因としての男性問題」への対応

性差別を撤廃しジェンダー平等社会を実現するには、女性たちのエンパワーメントが必要だ。そのためにも、女性に対する相談事業の深化、ＤＶや性暴力に毅然とした対応のとれる社会構築、さらに職場から家庭・地域を貫くジェンダー平等の徹底が求められる。女性たちの政治的・社会的意思決定の権利を拡充していくことが必要なのだ。

また、性差別撤廃の法整備も必要だ。１９７９年に成立した国連の女性（女子）差別撤廃条約を日本政府も１９８５年に批准している。この条約の第３項には批准国が性差別撤廃の立法をすることを求めている。しかし、日本政府はいまだに性差別撤廃の法整備を行っていない。１９９９年に男女共同参画社会基本法を立法化したことで、政府は義務を果たしたということのようだが、国連の女性（女子）差別撤廃委員会からの政府への勧告においては、性差別をきちんと定義した形での立法化が何度も求められている。また、女性（女子）差別撤廃条約には「選択議定書」（個人が国連の女性（女子）差別撤廃委員会に訴えることが可能になる仕組み）があるが、これについても日本政府は、いまだ批准していない。まず、この選択議定書の批准と、その上での「性差別撤廃基本法」を立法化すべきだろう。また、この勧告が要請している民法改正（女性だけが対象の再婚禁止期間の撤廃や選択的夫婦別氏も含む）、男女の賃金格差の是正（同一価値労働同一賃金の徹底）、複合差別に対する法整備、性暴力への厳罰化、慰安婦問題への政府としての対応等、性差別への国際基準に基づく対応が求められる。

さらに、ＤＶ防止法の強化、特に第2章で触れた台湾での司法上の加害者対応などには学ぶべき点が多いだろう。裁判所による加害男性への矯正教育プログラムの受講などは、現行の日本のＤＶ防止法の保護命令に、裁判所の判断により矯正プログラム受講などを追加することで対応可能ではないだろうか。東アジアのジェンダー政策において頭抜けて制度が整っている台湾（２０２１年のグローバルジェンダーギャップ指数を台湾にあてはめると世界29位となる）に学ぶならば、２００４年に制定された性別（ジェンダー）平等教育法（それまでの両性平等から、ＬＧＢＴも含むジェンダーの視点からの平等法へと転換がなされた）なども、日本社会に適応可能だろうと思う（小学校から年間8時間のジェンダー平等の授業があらゆる学校に義務付けられている）。

しかし、こうした女性差別撤廃への動きは、さまざまな形で、意図的・非意図的にかかわらず、さまざまな側面で妨げられてきた。その背景に、男性たちの固定的なジェンダー観、制度化された男性主導の組織、家事・育児等のケア労働の女性への一方的な押し付けの構造などが存在してきたことがある。

こう考えれば、現代社会でいまだマジョリティである男性たちに働きかけ、彼らの意識と生活態度の変更を求めることは、性差別撤廃＝ジェンダー平等にとってきわめて重要性を持つことは、誰でも理解できるだろう。

なかでも、ＤＶ防止における加害者である男性への対応は大きな課題だ。しかし、このＤＶ加害者への対応１つとっても、いまだ不十分だ。性差別撤廃＝ジェンダー平等に直結することが比較的理解しやすいこうした「女性問題の原因としての男性問題」についても、政策的な対応は決定的に不十分だ。

確かに、男女共同参画、なかでもＤＶ問題への対策に充てられる予算が非常に限られるなか、ＤＶ被害者女性の保護や自立支援さえ十分でない状況では、まずは被害者女性に焦点を当てた施策が優先されるのは当然だ。しかし、その結果、日本ではＤＶ加害者男性の更生や男子に対する暴力防止教育に関わる具体的施策の整備はさらに遅れているのも事実だ。

ＤＶ問題の発生から被害までを川の流れに例えるならば、被害者の保護や自立支援というのは、いわば川下での対応であり、この問題を根本的に解決するためには、川上での対応、すなわちＤＶ加害の発生を断つための取り組みが必要である。確かに政府や自治体の予算は限られている。しかし、限られた予算をどこにどう配分するかについては政策的議論の余地がある。政府や各自治体が本気でジェンダー問題の解決を重視しているのであれば、現行の男女共同参画関連予算枠を前提としてそれを女性政策と男性政策にどう配分するかという発想ではなく、女性施策の予算を減らすことなく、いやむしろそれを増額しつつ、男性施策にも予算をつけるという判断さえありうる。われわれも、国民や

地域住民として、政府や自治体に対してそうした要求の声を上げていくこともできる。(1)
また、新たに男性対象の施策を開始するからといって、その分の費用や施設や人員がまるまる新たに必要となるとは限らない。たとえば、男性相談事業を新たに開始する場合でも、男性相談の視点を体得した相談員さえ養成できれば、既存の女性相談などの施設やシステムなどを援用することで対応可能なはずだ。

「不安定化する男性の問題」への対応

性差別を撤廃しジェンダー平等社会を実現するこうした男性対象のジェンダー政策の必要性は、これまで必ずしも十分に理解されてこなかった。と同時に、社会の根本的変容のなかで変わりきれず、不安と混乱のなかにある男性の生き方にきちんと目を向ける政策も、これまではほとんど展開されてこなかった。むしろ「男性の生きづらさとしての男性問題」への対応については、しばしば反発する声さえ聞かれた。たとえば、「われわれの社会は女性が差別される男性優位の社会なのだから、男性が生きづらいとしても女性はもっと苦しんでいるはずだ」「女性問題も解決しないうちになぜ男性の生きづらさに対応するのか、まずは女性問題の解決が先決だ」などという声である。

男性ジェンダー政策の導入や推進に対するこの種の批判の多くに共通していると思われるのが、女性対象のジェンダー平等政策と男性対象のジェンダー平等政策の関係、あるいは女性の利益と男性の利益の関係を、あれかこれかの二者択一の関係としてとらえる見方である。もし、本当に両者があらゆる点でゼロサム型の関係にあるとすれば、女性政策を優先すべきなのは明白だろう。しかし、女性問題の解決策と、男性問題への対応策は、つねに限られたパイを互いに奪い合うような関係にあるわけではない。これまで見てきたように、男性問題への対応策の多くは、女性問題の解決を阻害するものであるどころか、むしろその解決にも寄与しうるものである。たとえば、男性相談体制の充実は、単に男性の悩みを軽減し、男性の心身の健康悪化を防ぐのみならず、女性の安心・安全にも寄与しうる。なぜなら、悩みや不安を誰にも相談できずにため込んでしまう男性たちの中は、それがたたって心身の健康を害したり、自分を傷つけることで悩みや不安に対処したりする場合もあれば、そうした悩みや不安を他人に対する攻撃によって解消しようとするケースも少なくないからである。男性が相談しやすい体制を整え、男性の悩みや不安をより早い段階で軽減したり、他人も自分も傷つけなくて済む方法でそれらを解消したりするよう支援することは、巡り巡って女性の安心・安全を保障するうえでも有益な取り組みであるはずだ(2)。

2 男性啓発の方法

ポジティブなメッセージを含む啓発の必要性

啓発は、依然として男性政策の方法の中で重要な位置を占めており、地道に取り組むべき施策の1つである。

とはいえ、ただやみくもに男性に対してジェンダー平等を説いていれば男性たちがそうした方向へと変化していくのかといえば、そうとも限らない。そもそも、男性たちがジェンダー平等を自分とは無関係なことだと感じたり、自分が責められていると感じたりするならば、むしろ変化を拒みさえするだろう。

では、男性たちの意識と行動をジェンダー平等に資する方向へ変化させるうえで、どのようなアプローチでの啓発が有効なのか。本書の各所で述べた諸外国の先進事例や日本での先行事例からは、少なくとも次の3点の方法の有効性が指摘できる。

第1に、男性がより関心を持つテーマへの焦点化である。その1つが「父親」への焦点化だ。第3章で紹介したイギリスのシンクタンク「ファーザーフッド・インスティテュート」の代表の語りにもあったように、「男性たちはジェンダー平等や男について語ろうとすると身構えるが、父親について語る場には自ら近寄ってくる」というのは、世界各国でかなり普遍的に見られる傾向のようだ。「ケア」をキーワードにジェンダー平等へ向けた男性の変化を促す世界的キャンペーンである「メンケア」も、「父親」としての子どものケアに焦点化した啓発を展開している。第5章で触れた、日本における男性対象のソーシャル・ビジネスとして最も成功を収めている「ファザーリング・ジャパン」も「父親」に焦点化された活動である。

確かに、父親への焦点化によって、父親でない男性が啓発のターゲットから漏れたり、疎外感を覚えて問題への関心を失ったりすることは懸念される。しかし、焦点が定まらないまま男性一般への啓発を続けてもそれほど大きな効果が期待できない場合、あるテーマに焦点を当てることで少なくとも一定層の男性たちにそれなりの啓発効果が期待されるのであれば、まずはそこから始めて、そのうねりを男性全体に広げていくという方法は、有効な戦略の1つとして考えられてよいだろう。

第2に、ジェンダー平等が男性にもたらす利益の強調である。ジェンダー平等を女性の権利拡張や地位向上に限定してとらえ、ジェンダー平等が進むと男性の利益が女性によって奪われてしまうかのような誤解に基づいてジェンダー平等に反感を持っている男性は少なくないと思われる。しかし、前節で述べたように、女性の利益と男性の利益は、つねに限られたポストを両者で奪い合うようなトレードオフの関係にあるわけではない。男女雇用機会の実質的な均等化が、女性の地位向上や経済的自立を促進すると同時に、男性を長時間労働や一家の稼ぎ手としてのプレッシャーから解放し、男性の生活の質や健康の増進にも寄与しうるように、むしろジェンダー平等の促進は男女双方に利益をもたらしうる側面が大いにある。このように、「ジェンダー平等は男性の利益にも資する」という側面を強調することは、男性にジェンダー平等へ向けた変化への動機付けを与えるうえで効果的であろう。

国際社会に広く見られる男性啓発の特徴として3つ目に挙げられるのが、男であることや「男らしさ」それ自体を否定するのではなく、新しいポジティブな「男らしさ」の定義や男性のあり方モデルを提案するという方法である。男性は「女性的」とされる活動や振る舞いをすることや、それによって周りから「男らしくない」と見なされることを非常に恐れる傾向にあり、それが変化に対する彼らの抵抗感に少なからず影響していると考えられる。そうだとすれば、啓発においては、そうした男性たちの不安を取り除きつつ彼らを変化へと導くための工夫が必要になってくる。

第3章で紹介した、「ケアリング・マスキュリニティ」(caring masculinities) の提唱というアプローチは、国際社会におけるその典型である。この概念は、従来の暴力的で支配志向の「男らしさ」に替わる、新しいポジティブな男のあり方のモデルとして提起されたものである。そこに込められているのは、男性に対する次のようなメッセージである。すなわち、これまでの男性のあり方に問題があったからといって、「男であること」や「男らしさ」それ自体を否定する必要はない。男性が、「ケア」の倫理を志向する新たな男のあり方を選択することによって、男女双方に有益なジェンダー平等社会の担い手となることができる。そして、そのように男性が変化したからといって、決して男でなくなるとか、男らしくなくなるわけではなく、むしろ「ケアリング・マスキュリニティ」こそが、これからの理想的な「男らしさ」なのだというわけである。

ポジティブなアプローチへの批判と応答

ただし、男性に対する批判的なトーンを抑え、ポジティブな理想像への変化を促すというこうした啓発手法に対しては、男性が持っている特権性を十分に問い直しておらず、むしろそうした男性の特権の温存に荷担してしまうのではないかとの批判の声も聞かれる。また、第3章で紹介した、男性を「アンバサダー」「チャンピオン」として起用するような啓発手法は、すでに特権や名誉を持った男性にさらに名誉を与えることになり、ジェンダー平等の取り組みにおけるいわば主役の座を女性から奪うとともに、「理想的な」男性モデルにはなりえない境遇に置かれた男性たちと彼らを分かつジェンダー以外の社会的不平等を覆い隠してしまっているという批判もある（Duriesmith 2017）。

確かに、そうした「副作用」への注意と反省は必要だろう。しかし、ジェンダー不平等をもたらす複雑で強固な社会構造は、一足飛びに理想的なものへと変化しうるようなものではない。少しでも既存の不平等な構造の再生産に荷担しうる手法をすべて禁じてしまうならば、変化はますます困難になってくる。変化が可能な部分から着手すること、そこに男性が関与することが重要ならば、少なくとも現時点では、こうした男性に対するポジティブなメッセージによって男性たちに変化を促すことの有効性は否定できないのではないだろうか。

こうした男性啓発のアプローチは、男性をジェンダー平等の担い手に動員しようとしてきた長年の努力から得られた経験的知である。アメリカ合衆国におけるプロ・フェミニスト（フェミニズムに共感する）男性運動の足跡をたどった論者たち（Messner 1997; Kimmel 2010）は、「男らしさのコスト」（＝「男性の生きづらさとしての男性問題」）を認めず「男性の制度的特権」（＝「女性問題の原因としての男性問題」）のみに焦点を当てるスタンスを「罪のポリティクス」と呼び、それが結果的に男性をジェンダー平等への取り組みに参画させることを妨げてきたことを指摘している。なぜなら、男性の特権性のみに焦点を当ててその是正を訴えるだけであれば、そこには男性が女性や他の男性たちと共にジェンダー平等に取り組むメリットが見出せず、男性をジェンダー平等への取り組みに参画させる動機付けは愛他主義以外にはありえなくなるからである。これらをふまえて、「ケアリング・マスキュリニティ」の概念を整理したK・エリオットは、「男性たちをジェンダー平等に参画させるよう勇気づけ、支え、説得することの方が、罪のポリティクスを続けるよりも、より効果的で愛情に満ちた男性の連帯を生み出しやすいだろう」と述べている（Elliott 2016）。

ただし、男性性のポジティブなメッセージを超えた次の段階も準備しておく必要があるだろうと思う。それは、「多様性」「複数性」の視点だ。これまでのジェンダーに基づく差別や排除は、近代社会の産物としての男女という二区分の強調のなかで生み出されたものだ。今後社会は、産業構造の変容や労働、家族観の変化に伴い、これまでのジェンダーに基づく差別や排除の仕組みを超えて、より多様化、複数化していくことだろう。

つまり、私たちの提案する「男性性へのポジティブなメッセージ」は、本格的なジェンダー平等社会に向けた「過渡期」の課題として設定されているということだ。男性たちへのポジティブメッセージの重要性の認識とともに、それがあくまで一時的なものであることには自覚的であるべきだろう。「男性たち」（第1章で触れたシスジェンダーとしての男性）が、自分たちをジェンダーに敏感な視座からとらえなおし、今後の多様性・複雑性に対応する「個人」へと変革していく方向性は、未来へ向けた課題としてきちんと確認しておくべきだと思う。

世代を意識した啓発

21世紀前半のあるべき日本社会を考えるとき「二つのG」（伊藤 2019b）が問題になる。つまりジェンダー（gender）と世代（generation）だ。ここで、啓発をめぐる世代とジェンダーのかかわりについて触れておこう。というのも、ジェンダーへの対応で明らかに世代差があるからだ。

上の世代、つまり、現在50歳から上の世代に向かってジェンダー平等を語っても、多くは「ジェンダーって女性の問題だろ。俺たちには関係ない」といった対応になりがちだ。こうした中年以上の男性に対しては、経済や社会のあり方といった「マクロ」なレベルからのアプローチが有効なことがある。世界経済フォーラムが、なぜ２００６年からグローバルジェンダーギャップ指数（ジェンダー平等度の世界ランキング）を発表しているかといえば、ジェンダー平等が、経済の成長にプラスになるところの団体が考えているからだ。

世界経済フォーラムは人権団体ではない。新自由主義的な傾向の強い経済団体だ。新自由主義は、確かに社会的な格差を生み出した。実際、後述するように新自由主義は多くの問題を持っている。他方で「経済的に有益であれば規制は突破する」この動きは、ジェンダーが経済に桎梏になれば、ジェンダーの拘束から人々を一定程度自由にする効果をもたらしてきたことも事実だろう。

もちろん「何もかも（人間の生命や自然環境さえも）生産性・効率・利益拡大」に「活用」しようというこの動きに賛成するつもりはない。新自由主義は、人間の基本的な生活基盤を切り崩し、「資本主義の暴走」状況を生み出しているからだ。この暴走は、人間の労働（特にこれまでケア労働に従事する傾向の強かった女性の労働）を、安価な労働力として、時に非人間的な状況に導くことさえある。その結果、人間の間に格差や対立を生み出してきた。また、利益のためならいくらでも環境に負荷をかけ、結果的に自然環境の危機さえもたらそうとしている。

他方、人間の経済活動にとって、これまでのような男女の二項図式に基づいた差別や排除の構造は、もはや必要はないのも明らかだ。私たちは、ジェンダー平等と人間と人間の共生、人間と自然の共生を目指すなら、新自由主義の暴走に歯止めをかけつつ、ジェンダー平等に向かう道を選択する必要があるだろう。

こうしたマクロな視座から、中高年男性に働きかけることは、社会をより安定させるためにも重要なことだろう。

逆に、1980年代以後に生まれたいわゆるミレニアル世代は、もの心ついた段階からすでに国際的なジェンダー平等の流れの中にいた。だから、それ以前の世代と比べて、ジェンダー問題については、「平等があたりまえ」の世代であると考えられる。

日本のミレニアル世代についてのデータを見ても、同様の傾向がみられる。(3) しかし、なかなか日本の組織はジェンダー平等へと転換できない。その背景には、若い世代が、上の世代の動きについて心のなかでは批判的でありながら、トラブル回避のために上の世代に「あわせて」いる状況があるように思う。たとえば、近年、男性に「育児休業をとりたいか」と聞けば、7割から8割が「とりたい」と回答する（厚生労働相イクメンプロジェクト編「男性の育児休業取得促進　研修資料」によれば、新入社員での育児休業取得希望は2012年の66・8％から2017年の79・5％と急増している）。しかし、実際は2021年で12・65％（2020年の7・48％から大幅増とはいえ）の取得でしかない。このギャップの背景には、職場の雰囲気や上司の目線に「合わせ」てしまい、同調することで、自分たちの「あたりまえ」が現実化していない状況を想像させる。

また、いわゆるミレニアル世代の人々の多くは、物質的欲望や観念的な欲望（より高い社会的地位などを目指す）も弱いといわれている。近代産業社会型の競争（他者を蹴落とそうとする文化）や効率・生産性を追い求める時代から、自然との共生を含む、よりゆったりした社会（もちろん、こうした生活スタイルを、ＡＩやＩｏＴなどの新たな科学技術も後押ししてくれるだろう）に向かいつつあるのだ。

だからこそ、今後、職場や人間関係をよりスムーズにさせ、働く意欲や協調関係をより育むためにも、世代間の、さらには男女間のオープンで平場のコミュニケーションが必要だ。若い世代や女性の率直な声に、上の世代や男性たちはもっと耳を傾ける必要があるのだ（まずは、批判せず、声をあげることなく「聞く」ことが必須だ）。

啓発を単に啓発に終わらせず、そこからジェンダーと世代を超えたオープンなコミュニケーションを通じて、自己と他者の関係を問い直す作業が問われることになるだろう。

3　啓発から制度構築へ

社会的条件の整備

前節では啓発とその方向性、現時点における視座などについて述べてきた。実際、従来の日本の男性ジェンダー政策は、啓発中心で進められがちであった。確かに、啓発によって男性の意識や価値観を変えることにより、男性の行動や生活のあり方の変容につなげる努力は重要だ。しかし人間は、つねに価値観のみに従って生活を組み立てたり人生の選択をしたりするわけではない。意識や価値観が変化しても、それに沿った生活や選択を可能にする時間的余裕や経済的基盤などの社会的条件が整っていなければ、新しい価値観に沿った行動を取ることは困難だ。また、人々の意識や価値観自体、そうした社会的条件に大きく規定されうる。

このことを、育児参加を例に確認しておこう。男性が育児に参加するためには、育児への参加意識もさることながら、まずは、育児に参加するための時間的余裕が必要であり、そのためには、育児に参加できる程度に労働時間をセーブすること、そして、その程度労働時間をセーブしても安心して生活ができることが不可欠である。そして、父親である男性に対して育児参加を促すだけでなく、男性の育児参加を阻みがちな人々の言動を抑制することも必要になってくる。

前章までの議論を通して、こうした社会的条件を整備するための視点として、少なくとも次の4点が指摘できるのではないかと思う。①法改正も含む実効性のある条件整備＝制度設計、②男性のケア労働への経済的・社会的インセンティブの構築、③ジェンダー不平等な社会構造の変革、④変化に向かおうと動き始めた男性の孤立化の防止である。

第1に、法改正を含む実効性のある条件整備については、徐々にではあるが取り組みがなされてきた。近年では、長時間労働の是正や多様で柔軟な働き方の実現などを盛り込んだ「働き方改革関連法」（2019年4月から順次施行）や、事業主に「妊娠・出産・育児休業・介護休業等を理由とする不利益取扱いの禁止とハラスメント防止措置」を義務付けた「男女雇用機会均等法」「育児・介護休業法」の改正（2017年4月から施行）などがそれにあたる。しかし、これらの制度も、EU基準（週40時間労働、超過労働は上限48時間まで）などと比べるときわめて不十分なものでしかない（月100時間以内という超過勤務は、過労死水準に近いままである）。すでにある次世代育成支援対策推進法や女性活躍推進法などを活用し、男女労働者のワークライフバランスの徹底や性差別撤廃に向けた行動計画の公表の義務化や、短時間労働者への均等待遇の徹底など、取り組むべき課題はいまだたくさん存在している。

これらに加えて、法改正によってより短期的に男性による育休取得を促進することも必要だ。たとえば、性別にかかわらず、通常の有給休暇と別枠で育児休業の一部期間（たとえば20日程度）を有給休暇化することだ。有給休暇期間は、仕事を休んでも、その間の収入減が回避されるのみならず、賞与や人事評価などにも影響を与えないはずなので、将来にわたる収入減への影響を少なくできる。もちろん、こうした有給休暇を導入する余裕のない中小企業には公的な援助が必要だ。

また、既存の諸制度を活用する場合、申請時に記入すべき事項が煩雑で不要だと思われるものも多い。デジタル化の推進などによる、申請の簡素化を進める必要がある。

第2に、男性のケア労働参画をめぐる、経済的・社会的インセンティブを準備することが必要だろう。男性の育児休業取得の向上は、ジェンダー平等政策にとって重要な意味を持つ。男性が自分の子どものケアを体験することは、配偶者の就業継続とともに、男性にとっても大きな意識変革をもたらすからだ。しかし、この施策はいまだ十分な展開をみていない（21世紀に入って父親の育児休業を導入したドイツではすでに30％を超える男性の取得がみられるのに比べて、1992年と国際的にも早い段階で父親の育児休業制度を整えた日本社会でいまだ十数％の取得しかないことは、政策の見直しが必要なことを示しているだろう）。

人間の生活にとって不可欠な（しかも多くの場合無償労働になっている）ケア労働（育児や介護など）を担うことは「男性にとってもあたりまえのこと」だという社会的認識を広げ、それを担わないことは、「（心身に障がいがある場合などを除いて）人間として問題がある」という認識を社会的に共有していくこと（ケアを担わないことへのマイナスのサンクションによる動機付け）も必要だろう。

特に、男性の育児休業取得を拡大するには、経済的インセンティブの視点も重要だ。具体的には、育児休業給付金の増額が考えられる（せめて、EU並みの8割給付を考えてほしい）。長期の育児休業では収入が減るため、男女収入格差が大きい現状（後述するように、年収で見た男女雇用労働者の収入格差は男性が女性のほぼ2倍という状況にある。この問題も早急に解決すべき課題だ）では、大半の夫婦では夫ではなく妻が育児休業を取得する方が経済的に合理的となる。給付額が休業前の手取りと大差なくなれば、男性の育休取得も促されるのではないだろうか。また、現在の育児休業・介護休業法による休業は、病休と同様の休業にあたる。そのため、事業所の多くは、ボーナスの金額を減らしたり、皆勤手当を削ったりすることも多い。これら不利益状況が生じないような制度を事業所に要請するとともに、必要な場合は、助成金等の対応をとることも必要だろう。

第3に、ジェンダー不平等を支えてきた制度や社会構造の変革が求められる。これまでの制度やそれを支える社会構造は、男性の家庭生活の機会を奪い、カップルで育児を担い家庭を営もうとする時、家族を持つ男性たちの選択肢においてさまざまな制約を生んできた。

たとえば、何故、男性の多くが育児休業をとりたくてもとれないかのか。男性側の意識の問題もあるのかもしれない。しかし、それだけではない。近年、多くの調査が男性の7割から8割は育児休業の取得を望んでいることを明らかにしている（たとえば、厚生労働省イクメンプロジェクト「男性の育児休業取得促進研修資料」4頁など）。にもかかわらず、実際に取得している男性は、2021年段階で12・65％（前年の2020年の7・48％から比べれば上昇したが）に過ぎない。ここには、男性たちの「自由な選択」を阻害するものがあるはずだ。

取得を含む男性の積極的な家事・育児参加への選択を左右する社会構造の変革の対象としては、男女賃金格差の是正が挙げられる。これは一朝一夕に達成されるものではない。しかし、女性と男性の人生の選択を背後で規定する重要な条件なのは間違いのないところだ。女性に比べて男性の方が、時間あたりであれ生涯にわたってであれ、より多く稼げる機会構造のもとで子どもを育てようと思えば、どうしても男性は仕事に、女性は育児に偏りがちとなる。また、前段の内容にも重なるが、育児休業中の給付金が、休業前の満額からはかなり低くなる（さらにいえば、現行制度では、病休と同様の休業であり、ボーナスや皆勤手当てにもひびくし、生涯賃金にも影響を与える可能性もある）のであれば、男女賃金格差が大きい現状で経済的損失を最小限にしようとすれば、多くのカップルで男性ではなく女性が育児休業を取得するという選択をするだろう。

実際、既婚男性の場合、家事育児への参画度と強く関係するのは妻の所得である。妻の所得が高いほど夫の家事・育児の頻度が上昇することは、筆者の多賀と伊藤が参加した笹川平和財団によるアジア5都市の男性の比較研究（2018年調査）でも明らかになっている。ちなみに、既婚の男女の場合、夫婦間の平均年収の格差がもっとも大きいのが日本であった。具体的には、東京：夫501万円、妻200万円（格差301万円）、香港：夫545万円、妻407万円（格差138万円）、上海：夫314万円、妻207万円（格差107万円）、ソウル：夫315万円、妻215万円（格差100万円）、台北：夫413万円、妻383万円（格差30万円）となっている。東京は、男女平等意識や性別分業意識などでは、5都市中でもっとも「リベラル」な傾向を示すが、育児参加は5都市中最低であった。ここでも、男性の意識と実態の解離（育児や家事参加したくても、制度や社会的条件が男性の動きに制限をかけている）がもっとも大きいのが東京であることは示唆的だ（公益財団法人笹川平和財団 2019）。

だからこそ、男性の育児参加を促すためには、育児のために一時的に仕事を減らすのが女性であろうが男性であろうが家計経済に与える影響が大差ない条件を整備することは重要である。いわゆる非正規雇用労働者の大半を女性が占める現状に鑑み、「働き方改革」における「均等待遇」への取り組みをさらに推し進め、「同一価値労働同一賃金」の原則のもと、正規雇用の待遇を非正規雇用並みに引き下げることなく両者の賃金格差を是正していくことが急がれる。

第4に、変化の担い手の孤立防止に配慮した施策の必要性である。育児休業を取得したり、家庭での主たる育児担当者になっているような男性は、男性の中ではいまだ少数派であり、仕事と育児の間での葛藤を抱えながら、周りからの理解が得られなかったり孤立したりしている場合が少なくない。父親の子育に関わる支援や相談事業においても、単に子育てのノウハウを伝授するだけでなく、そうした彼らの不安や悩みに寄り添う視点を備えるとともに、彼らがそうした悩みを共有し合える「居場所」としてのいわゆる「パパ友」づくりの支援や、男性が平日の昼間であっても気兼ねなく地域で育児ができる風土を地域に根付かせていくこと（多賀 2019）。それによって、ジェンダー平等に向けた変化の担い手である男性たちが孤立することなく、安心して変化へのアクションを起こせるサポートが求められているのである。

職場においてジェンダー平等を進めようとする男性を孤立化させない工夫も必要だ。2019年9月、伊藤によるスウェーデンのストックホルムにある「職場のジェンダー平等推進」のコンサルタント（Add Gender社）でのインタビューによれば、スウェーデンにおいても「研修を受けてやる気を持って職場に戻った男性が、男性の同僚のプレッシャーで孤立化してしまいがちだ」という。そこで、現在は、「職場で、元気にジェンダー平等を推進できるような男性に向けた研修（各種プレッシャーへの対象法など）」を開発しつつあるという。

せっかくジェンダー平等の必要性を認識し、動き始めようとする男性に対して、「まだ不十分だ」「もっとこれをすべきだ」と、批判がなされることがある。これは男性から「やる気」を失わせかねない。一方的な断罪や批判ではなく、開かれたコミュニケーションを通じた問題点の指摘や、「上から目線」ではない、対等で親身なメッセージの提供も重要だ。ジェンダー平等の重要性に気づき、小さな一歩から動き始めようとしている男性たちを、（男女双方から）孤立化させないような工夫もまた求められている。

男性主導の「同調型集団主義」を超えて

日本社会がジェンダー平等社会へ転換できなかった原因には、他の多くの国がジェンダー平等への歩みを開始した１９７０年代以後、日本社会が男性主導の組織運営の見直しに失敗したということがあるようにも思う。特に、男性主導の「同調型集団主義」の原理による組織運営が、社会の転換を許さなかったのだ。

しばしば日本社会は「集団主義」だといわれる（ただし、こうした言説は、主に戦後の特徴だといわれる。実際、戦前は、「欧米の集団を軸にした組織に対する日本の個人主義」といった表現も少なからず見受けられるからだ）。しかし、高野陽太郎東京大学名誉教授によれば、日米の信頼できる社会心理学の実験では、日本側が米側に比較してはるかに「個人主義」的であるといわれている（高野 2008）。

確かに、外部から見ると日本人は「集団でまとまって」動くことはしばしば観察される。しかし、これは日本文化の（欧米流の他者への配慮と協調を前提にした個人主義ではなく）「私中心主義」的な指向性の結果だと考えることができる。つまり、自分の私的利害の防衛のために常時周囲をモニタリングしながら他者にあわせる文化である。これは、個々の個性と集団の協調により目的を達成する本来の集団主義（協調型集団主義と呼ぶ）ではなく、私的利害のための集団同調でしかない（かつて話題となった忖度問題などは、その結果だろう）。

しかも、この傾向は男性の方が女性よりも強いともいわれる。というのも、男性は、集団としての「成果」達成よりも、他者との競争のなかで「少しでも上にいきたい」という発想が強いからだ。周囲を見渡し、他者に出し抜かれないようにつねに配慮し、忖度し続ける傾向が強い。逆に「競争原理」に縛られることの少ない女性の方が、「成果」達成という点ではより効果的な動きをするといわれる。この間の日本企業の不祥事や、国際競争での敗北の背景には、こうした男性主導の「（組織としての成果達成ではなく、自分だけの地位の上昇を目的とする）競争原理」と「同調型集団主義」との重なり合いがあるようにさえ思われる（伊藤 2009b）。

男性主導の「同調型集団主義」は、実は、戦後の日本の工業社会における均質な労働力を支えてきた。製造業中心の時代における日本の経済成長の背景には、このような男性主導の均質で中央集権的な組織の力がかなりプラスに機能していたと思う。しかし、1970年代以後の第三次産業革命（情報革命）、さらに現在私たちが直面しようとしている第四次産業革命（ＡＩとＩｏＴ）の時代には、均質化ではなく多様化が、中央集権ではなく分権化が問われているのだ。その流れに、男性主導の同調型組織は、完全に置いてきぼりをくっている。

政治分野における脱男性主導の重要性

制度や社会構造をジェンダー平等へと転換するには、政治領域における男性主導の仕組みの転換が必須の課題である。社会の制度設計をするのは国会であり、政治の場でのこの問題への対応が不可欠だからだ。

以前伊藤は、1990年代半ばの日本とイタリアとフランスの女性国会議員割合について考察したことがある（伊藤 2014）。この時期、3国の女性議員割合はほとんど変わらなかった。それが2020年段階では、フランスとイタリアは上下院とも30％を超えているのに、日本は参議院でもやっと20％超え、衆議院にいたっては10％に届かない（列国議院連盟の2021年の報告では166位）状況だ。

イタリアやフランスで女性議員が増えたことの背景には、クオータ制（一定の割当制度。各国によって選挙制度にクオータ制を含むもの、各政党が自発的にクオータ制をとる形、議席をあらかじめ割当てられている形など多様である）導入の効果があったといわれる。

日本社会も、「これではまずい」と2018年「政治分野における男女共同参画推進法」を制定した。この法律は、先の3つのタイプのなかでは2番目の各政党への自発的クオータ制に近い（政党に努力義務を課す）ものだ。ただし、この法律が施行された2019年の統一地方選挙でも、また、参議院選挙においても、ほとんどの政党は、独自のクオータ制をもって選挙を戦うことはなかった。

結果的に、統一地方選挙では女性議員割合は微増、参議院においては逆に0・5％減という状況であった。どうも、現在の政治参画推進法では、すぐに女性議員は増えそうにない。日本でも国会議員における女性議員を増やそうというなら、たとえば女性議員候補割合に対応した政党助成金の削減ないし増額というような方法も考えられるだろう。

今後、日本を襲う可能性の高い災害対策においても、また、第四次産業革命と呼ばれる新たな産業構造の登場に際しても、このままでは日本は対応不能だろう。

特に、災害対応において、男性の視線はハード面にむかいやすい。生活レベルでの観点の弱い男性主導の対応では、トイレや飲食、着替えや育児などへの対応が遅れがちになる。これまで、生活に近い場で暮らす傾向の強かった女性たちの参画は、防災という点でも、また、被災後の対応という点でも、ケアのまなざしの欠如しがちな男性以上に大きな役割を果たしてくれるはずだ。

産業面でも、今や「ダイバーシティが組織の活力や創造性につながる」といわれる。日本政策信用金庫のレポート(4)でも、男性だけのチームで開発した発明と男女混合チーム開発の発明の経済効果測定で、(非鉄金属除く)ほとんどの分野で男女混合チームの方がより高い経済効果を持つ発明特許が生み出されているという。ここ30年の停滞を続ける日本社会が再び活力を取り戻すためにもジェンダー平等は鍵になる領域だということに、男性リーダーたちにもっと目を向けさせる必要がある。

地域の文化に根ざした啓発

これまで、国際社会における男性啓発の特徴を視野に入れつつ男性対象のジェンダー平等政策について検討してきた。国際的に優れているからといって、これらをそのまま日本に移植すればよいとは限らない。国際社会の取り組みからしっかりと学びながらも、それをそのまま移植するのではなく、日本の男性たちに効果的かどうかをじっくりと見極めながら、さらに創意工夫を凝らしていく必要が

ある。(5)

そうした意味では、「イクメン」をキーワードとした日本における父親の育児参加啓発は、その成功例の1つと言えるのではないだろうか。確かに、「イクメン」という用語に対しては、近年批判の声が聞かれる。女性であれば育児をして当然とされるのに、男性が少し育児を手伝っただけで「イクメン」としてもてはやされるのはおかしいのではないか、というものである。男女双方が仕事にも育児にも対等に責任を持って関与すべきだという理想に照らせば、なるほどそうした批判は正しい。しかし、男性が平日に乳幼児を連れて歩いていたら、数十年前には奇異な目で見られていたのが、今ではそれほど驚かれなくなった。「イクメン」という育児をする男性をポジティブに称える言葉がなく、「育児をしない男を、父とは呼ばない」という育児をしない男性をネガティブに批判するメッセージだけだったら、果たしてこれほどの変化がみられただろうか。少なくとも男女の役割が変化する過渡期において、「イクメン」の用語は、男性をジェンダー平等に資する方向に変化させるうえで多大な貢献をなしてきたとみなすべきであろう。

ただし、さらなるジェンダー平等の実現を目指すのであれば、こうした状況にいつまでも甘んじているわけにもいかない。次に見据えるべきは、性別にかかわらず、家事や育児の責任を当然のこととして負いながら、経済的に自立し希望に応じてキャリア形成が果たせる社会、誰もが身近なパートナーからの暴力や性被害に怯えることなく、またそれらの加害者にもならない社会の実現であろう。

男性たちは、そうした社会の実現に向けて、女性と手を携えて取り組んでいける、変わっていける潜在的な力を持っている。そのことを信じて、女性に焦点を当てたジェンダー政策とともに、男性対象のジェンダー政策もますます充実させていくことが望まれるのである。

男性対象のジェンダー平等政策のために

これまで述べてきたように、21世紀前半の日本社会が、安定した社会関係を維持し、活気を持って発展していくためにもジェンダー平等政策が必要になる。なかでも、ジェンダー平等の波に乗り遅れた日本社会にとって、男性対象のジェンダー平等政策の推進は、どの国よりも急速に展開する必要がある。

それでは、男性を対象にしたジェンダー平等政策として、具体的にどのようなものが求められるのだろうか？　すでに、これまで触れてきた日本社会の制度的・法的改革の重要性を踏まえつつ、ここで当面必要だと思われるいくつかの重点ポイントを整理しておきたいと思う（伊藤（2020）、新しい男性の役割に関する研究会編（2020）など参照）。

(1) 公的男性相談の拡充と、ジェンダー視点を持った男性対象の相談員の育成

相談を通じた男性の悩みの把握と対策も視野に入れつつ、家庭・労働・老後の問題など男性が抱える悩みに対応する公的男性相談の拡充とそれを支えるジェンダー視点を持った男性対象の相談員の養成は、今後きわめて重要になる。

本書が提起した「男性危機」は、男性自身にも重くのしかかっている。うつ症状や自殺念慮などは、こうした危機が背景にある場合も存在している。と同時に、この男性危機は、時に攻撃性や暴力性を伴って、女性や子ども（ＤＶや幼児虐待はその典型だ）、さらに他の男性に向けられる（近年増加傾向にある高齢男性の暴力犯罪もその一例だろう）可能性がある。男性危機を冷静に見つめ対応策をとるためにも、まずは公的な男性相談の仕組みを作るべきだろう。男性たちは「自分の問題は自分で解決すべきで、他人に相談するのは男らしくない」という男性性の呪縛にかかっている場合がある。だからこそ、公的なメッセージで「男性も相談していいんだよ」と投げかけることは、大きな意味を持ってる（もちろん、新たに男性相談のために財政出動する必要はない。既存の相談施設に週に一度でもいいから「男性相談日」という看板を掲げてもらえるだけで、変化が生み出せるだろう）。

男性相談をジェンダー平等へ向かう手段として活用するには、ジェンダー問題、特に男性性というジェンダーに敏感な視座を持った相談員の育成も急務だろう。

また、女性相談担当者と男性相談担当者の間での経験の交流も、ジェンダー視点からの問題解決のためには有益だろうと思う。

(2) 男性・男子の「ケアの力」育成に向けた全世代型教育プログラムの整備・活用

ＥＵで進められているケアリング・マスキュリニティの視座を日本的に適用し、全世代に向けて、男性のケアの能力（育児・介護など）の向上をはかる。ここでいう「ケアの力」とは、他者（および自己）

の生命、身体、思いへの十分な配慮の能力である。男性たちの多くは、この能力が弱いといわれる。全世代型の男性のケアの力への教育プログラムを準備する必要がある。

コロナ禍の中で、改めてケアの持つ重要性が再発見された。エッセンシャルワーカーの果たす役割に目が向けられるようになったのだ。しかし、こうしたケア労働の担い手の労働条件は必ずしもよくない。なぜなら、これらの仕事の多くは、近代社会では、女性が無償で担っていることが多かったからだ。

ケアの労働は、人間の生活の最も基幹部分を担っている。これなしには人間は豊かな生活が送れないとさえいえる。この「尊い労働」をどう評価するかを男性たちはきちんと考えるべきだろう。男性の中には「女性の無償のケア労働は尊いものだ。こうした尊い労働を担う人をぼくは尊敬している」などと語る人がいる。しかし、本気で「尊い労働」と思っているなら自分でもするだろう。実際、この労働は、きわめて重要かつ尊いものだ。こうした認識を、子ども時代から教育し、ケア労働の評価(有償労働としてケアを担うエッセンシャルワーカーの労働条件の評価も視野に入れつつ)を、社会で共有していくべきだろう。

(3) 仕事と家族的責任が両立可能な働き方改革の実現

働き方改革をさらに徹底し、男性の長時間労働の規制と家族責任が果たせる労働時間規制を進めることは、これまで以上に問われている。従来の「働き方改革」では不十分だった真に本格的なワーク・ライフ（ファミリー）・バランスの仕組み作りが必要だ。特に、今後、男女がともに労働参画し、ともに対等な関係のなかで家庭や地域を担っていくためにも、個人生活・家庭生活と仕事のバランスの組み替えが求められる（ワーク・ライフ・バランス、ワーク・ファミリー・バランスの必要性）。働く男女の持続可能な「個人生活の再生産」（衣食住の基本的な確保、身体を休める時間の確保、自己を成長させるための学びの時間の確保）のためにも、物価上昇に対応する実質賃金の確保、ここ20年ほどの間に急降下している労働分配率（企業などの「儲け」の労働者への賃金としての配分）の上昇、ＯＥＣＤ諸国のなかでも日本が遅れている家族政策（特に、育児への税の控除、子ども手当ての充実、保育制度の拡充など）の充実、さらに短時間労働者への均等待遇（ＩＬＯ１７５号条約の批准を含む）の実現、男女の雇用条件の平等化、さらに男女の労働者の「ディーセントワーク（人間らしい労働）を可能にするための諸条件の整備（なかでも労働時間の規制＝せめてＥＵ基準の週労働時間を48時間以内に制限するなど）が必要だろう。

（4）男女双方に育児参加における有給休暇を20日程度追加することを制度化

子の出生後1年の間、該当する男女双方に、育児による有給休暇特別枠を20日間程度追加する。有給分の給与支給については、これまでの雇用保険からの支給などの仕組みの見直しも含めて、新たな制度設計が必要だろう。

２０２１年には、男性版産休（出生時育児休業・２０２２年秋スタート予定）など新たな制度が生み出されている。また、企業への男性の育児休業義務化の動きもある。こうした男性の育児参加推進の動きはいいことだと思う。ただし、現在の育児介護休業法の所得保償は、雇用保険からのものであり、有給休暇ではない。もし本当に男性の育児休業を本格的に進めるつもりなら、まずは男女ともに20日程度の有給の育児休業（これならボーナスや生涯賃金にも影響がない。実際、育児休業をとらずに有給休暇を育児のために使用している男性も多い）を設定することや、実質的に皆勤手当やボーナス、生涯賃金に影響のない形での休業の制度化をはかるべきだろう。また、比較的申請も取得も簡単である有給休暇と比べて、育児休業は、かなり以前からの申請が（現在短縮が予定されているとはいえ）必要であるし、申請書類も複雑だ。日本の福祉制度の特徴である、メニューは豊富で揃っているが使い勝手が悪い状況を、まずは育児や介護から「使い勝手が良く、不利にならない」形で改革する必要があるだろう。

(5) 男性の過労死・自殺予防対策の強化

コロナ禍で女性や若い世代の自殺が増加した。これも先に触れた日本社会が抱える２つのG (Gender & Generation) の課題と深く関わる背景があるはずだ。と同時に、いまだ男性の自殺死亡率がかなりあることにも改めて注目したい。他の諸国では、男性と女性の自殺死亡率は3倍から4倍男性が高い傾向が見られる。日本社会は、実は男女の自殺死亡率の差は大きくない国の１つだ。とはいえ、男性の自殺死亡率（特に、１９９８年以後十数年、中高年男性の自殺死亡率はこれまでになく高止まりを続けていた）は、女性に比べて有意に高い。また、うつをはじめ、仕事を通じて精神的な病を抱える男性も、ここ数十年増加しつつある。１９８０年代に英語で「Karoshi」と表現されるようになった過労死も（女性の過労死も最近目立つが）男性がまだまだ多い。男性の過労死防止や自殺予防（もちろん、女性や若い世代にも目配りしつつ）への対応をさらに徹底していくべきだろう。前提になるのは、1970年代以後拡大してきた長時間労働という男性の働き方だ。（3）で述べたように、働き方の根本的な転換は、この課題とも深くかかわっている。

(6) ひとり親家庭への支援の拡充と、シングルファーザーへの十分な配慮

シングルマザー家庭への支援の一層の拡充とともに、見落とされがちだったシングルファーザーの実態調査と、調査に基づいた支援策の充実が必要である。ここにも、日本社会の「家族政策」（シングルファミリーや単身者、同性カップルなど多様な家族の相互承認、人権問題を除く家族の行政権力の介入からの一定の自立・自律の保証、さらに行政レベルでの家族への保護と支援など）の不足が見出せる。デモクラシーの核としての家族（国際家族年のスローガン）という視点をふまえ、ジェンダー平等の視座からシングルファーザー（もちろん、シングルマザーへの十分な対応の上で）への一層の支援が求められる。

近代産業社会の誕生とともに強化された男性主導社会は、今や終わりを告げつつある。にもかかわらず、日本社会は、1970年代から80年代にかけての「男性の長時間労働／女性の家事育児労働＋条件の悪い非正規労働」の仕組みで達成した「ジャパンアズナンバーワン」の「成功体験」があったがために、この30年間、変化への対応を怠ってきた。21世紀の中期段階で、日本社会が豊かさと社会

の活力を維持していくためには、日本社会は男性主導の「同調型集団主義」から脱皮する必要がある。ジェンダー平等＝男女共同参画社会に向かって本格的に動き始めた国際社会は、少しずつ男性のジェンダー問題にも目を向けつつある。しかし、日本社会においては、この課題は、まだまだ「見えない問題」になっている。男性を対象にしたジェンダー平等政策の実現に向けた作業は、日本の未来を構築するためにも、これからさらに本格化していかなければならないだろう。

注

（1）特に、DV加害者の男性に向けた対策としては、第5章におけるPREP Japanの取り組みとして触れたように、すでに国内でもいくつかの団体が行っている加害者更生プログラムに関する調査研究を進め、効果的な加害者更生プログラムの開発・普及を促すことが急務である。政府のレベルでは、保護命令の出されたDV加害者にプログラムの受講命令が出せる制度の整備などの検討が、自治体においても、加害を止めたい男性たちが相談できる窓口を設置し、加害者更生プログラムへとつないでいける体制づくりが望まれる。

（2）第1章と第5章ですでに触れたように、日本でも各地で少しずつ男性相談の窓口が広がりつつあるが、海外の男性政策の先進地域と比較した場合、日本の男性相談の相談員は臨床心理系の相談員が多い。今後は、社会福祉（ソーシャルワーク）領域でのジェンダーに敏感な視点から男性問題に対応できる相談員の充実が急務であると思われる。また、第5章で紹介したように、精神科や性差医療、法律相談、労働相談などにおいても、ジェンダーに敏感な視点から男性の相談を受けられる体制の充実が望まれる。

（3）たとえば、クロス・マーケッティングによる「多様性についての意識と実態調査」２０２１年6月などを見ると、ジェンダー意識の転換が40代以後とそれ以前ではっきり生じていることがよくわかる。〈https://www.cross-m.co.jp/report/life/20210617gender/〉

（4）日本政策投資銀行「今月のトピックス」2016年4月18日「女性活躍は企業パフォーマンスを向上させる」。

（5）第3章で紹介した「ホワイトリボンキャンペーン」は、その啓発活動を発祥地のカナダから世界へ広げていく過程において、男性を活動の「積極的な担い手としてエンパワーすること」を通して、女性に対する暴力をなくすことを目指すという基本スタンスの共有を除けば、運営形態や強調点などを含めて特に指定しなかった。創設者の一人であるM・カウフマンによれば、「どうすれば周りの少年や男性たちに影響を与えることができるかは、それぞれの国やコミュニティの人々が最もよく知っている」はずだとの信念に基づいた判断だったという（Kaufman 2012）。

❖コラム7　閉塞感にさいなまれる若い男性たち（韓国）

一人の女性の人生を通して韓国の女性たちの閉塞感を生々しく描いた『82年生まれ、キム・ジヨン』（チョ・ナムジュ著、斎藤真理子訳、筑摩書房、2018年）は、日本語訳が刊行されるやいなや日本でもベストセラーとなり、韓国社会に今も根強く残る女性差別の深刻さを私たちに知らしめた（ただし、世界経済フォーラムのグローバルジェンダーギャップ指数における男女平等度の低さでは日本も韓国と大差はない）。

こうした社会状況を背景として、韓国ではフェミニズム運動が日本以上に盛んだ。特に、2016年にソウルの地下鉄江南駅で女性憎悪を動機とした男によって23歳の女性が殺害された通り魔事件の発生以降、#MeToo運動をはじめとして、女性差別や性暴力に対して異議を申し立てる女性たちの動きが、20代前後の若い女性たちを中心に活発化している。

では、特権を有していると批判される側の男性たちは、今どのような状況にあり、女性たちの動きをどう見ているのだろうか。韓国政府のシンクタンクである女性政策研究院が実施した男性に対する世代別のインタビュー調査（Ma et al. 2018）とウェブアンケート調査（Ma et al. 2019）からは、彼らのジェンダー意識や社会経験は世代によって大きく異なっている様子がうかがえる。

性差別に反対しジェンダー平等な考えを持つ男性の割合は年代によってそれほど違いが見られないが、女性を男性と対等ではなく弱者で保護されるべき存在と見なす「家父長的温情主義」の男性の割合が年長者ほど高いのに対して、女性はすでに男性と対等かそれ以上の地位にあるとしてフェミニズムや女性支援策に反対する「反フェミニズム」の男性の割合は若年層ほど高くなっている。また、年長男性ほど軍隊経験や男性だけに兵役を課す制度を受け入れており、逆に若い男性ほどそれらに反発する傾向が強い。これには、彼らの世代経験による違いが大きく関係していると考えられる。

40代以上の男性たちは、１９８０年代から90年代半ばにかけての高度経済成長期に、あからさまな性差別的労働慣行のもとで男性としての特権を享受しながら若者時代を過ごしており、結婚や出産を機に労働市場から撤退していく女性と対等に競い合うことはなかった。また、韓国では男性は20歳前後で約2年間の兵役に就くが、かつては兵役を終えた人に公務員試験などで加点を行う「軍服務加点制」という制度があり、この世代の男性たちは兵役の苦難と引き換えにさまざまな面で優遇されてきた。

しかし、「軍服務加点制」は１９９９年に違憲判決が出て廃止され、それ以降男性たちは、兵役に伴う公的な利益を失いながらも依然として青春期に空白の2年間を過ごさねばならなくなった。また、90年代以降、教育におけるジェンダーギャップは解消され、90年代後半のアジア通貨危機以降は女性だけでなく男性も就職難に直面するようになった。男性たちにとって、同世代の女性たちは保護すべき弱者というよりも限られたパイを奪い合う競争相手となった。そうしたなか、「機会の平等」を常識として育ってきた若い世代の男性たちの中には、女性だけが兵役を免除されることや女性支援策を男性差別と感じている者も少なくなく、それが彼らの女性憎悪につながっていると考えられる。

韓国社会が依然として男性優位の社会であることは疑いようがないが、急激な社会の変化による歪みが女性だけでなく若い男性にも生きづらさをもたらし、彼らが閉塞感や行き場のない怒りに駆られていることもまた確かだろう。

日本は、兵役がなく社会の変化のスピードも韓国ほどは急激ではないものの、男性内の世代間ギャップという点では共通する部分も多そうだ。韓国のジェンダーをめぐる社会状況や政府の男性政策に今後も注目していきたい。

あとがき

21世紀に入って20年ちょっとの時間が過ぎた。この20年から30年の間、日本社会はどんどん活力をなくしているように見える。今世紀の初頭には人口1000万人以上の国で見れば、一人当たりGDP（国内総生産）では世界一。つまり、世界で最も豊かな社会が日本だった。それが今や名目GDPでは世界24位（二〇二〇年）。その国の実質的な豊かさを示すといわれる購買力平価による一人当たりGDP（31位、二〇二〇年）や年間の平均収入で以前はかなり差があったお隣の韓国にも追い抜かれている。

原因はいろいろあるだろう。本書でも触れた「モノ作り敗戦」（野口悠紀雄）という指摘に見られるように、日本の企業が、製造業に固執し、情報やサービスを軸にした新しい産業への転換を怠ったこともその理由だろう。歴史的に見れば1970年代前後に開始された情報やサービスを基軸とする産業革命（さらに21世紀に入って以後はAIとIoT軸の産業革命へ）に、日本社会が乗り遅れたことは明らかだろう。この転換は、価値観や家族の形、さらにジェンダー構造の変容（未だ性差別は内在しているが、広い目で見た時の労働のジェンダーレス化）を伴って展開したものだ。多様化と柔軟性を軸にした社会変容という、この歴史的転換に、日本社会は取り残されつつあるのだ。

本書の執筆者はみな社会学を専門にしている。社会学というと「どんな学問かよくわからない」という読者もいるだろう。むしろ「何にでも首を突っ込む学問」といったイメージでとらえている人も多いかもしれない。確かに、わかりにくい学問だが、この学問の出発点は、ある程度はっきりしている。近代社会にどう対応するかが、この学問の誕生の背景にはあったのだ。近代社会は、個人の自由や権利の平等（実際は、さまざまな抑圧や暴力、性差別を含む属性による差別や偏見・格差を絶えず抱え込みつつ）という一応の原則を生み出した。その一方で、他方でエゴイズムの拡大や欲望の肥大化による社会の混乱をもたらしもした。この近代社会を前に、どうしたらこの社会を「より良い状態」にすることができるかを問うことが、この学問の誕生の背景にはあった。

そして今、近代（産業）社会の転換点を前に、かなりはっきり言えることがある。この300年ほどの工業社会と連動してきた男性主導の近代社会が黄昏を迎えつつあるということだ。それは、日本社会ばかりではない。世界中が、この男性主導からジェンダー平等に向けた変容の只中に置かれているのだ。私たちは、近代社会を問うことを任務としてきた社会学者として、この大きな変化を、ジェンダー、特に男性性という視座でとらえ、次の「より良い社会」をどうやったら新たに組み立てられるのかを、本書で問おうとした。

この試みは、まだ小さな一歩でしかない。ジェンダー平等を目指すという視座から、私たちのこの提案を、多くの方々と共有できればと考えている。

2022年3月

伊藤公雄

〔付記〕
コラム4には、現在スウェーデン在住の中澤智恵さん（スウェーデン高校教員・東京学芸大学個人研究員）の協力を得た。
また、本書は、以下に挙げる科学研究費補助金や民間の助成の支援による研究の成果の一部である。科学研究費助成事業・挑戦的萌芽研究「男子・男性対象のジェンダー政策をめぐる先進事例の比較研究」（代表・伊藤公雄）、科学研究費助成事業基盤研究（C）「スウェーデンにおける男性を対象とするドメスティック・バイオレンス対策」（代表・大山治彦）、科学研究費助成事業基盤研究（B）『男性性のゆらぎ』の現状と課題」（代表・伊藤公雄）、科学研究費助成事業基盤研究（C）「スウェーデンにおけるSOGIに基づく差別の撤廃、人権保護や擁護等に関するとりくみ」（代表・大山治彦）、日本経済センター研究奨励金「スウェーデンにおける男性クライシスセンターの現状と日本社会への適用可能性に関わる研究」（代表・伊藤公雄）、科学研究費助成事業基盤研究（C）「『剝奪感の男性化』の実態とその対応をめぐる研究」（代表・伊藤公雄）、関西大学学術研究員規程に基づく研究費（多賀太）。また笹川平和財団の共同研究「新しい男性の役割に関する調査研究」（多賀太座長、伊藤公雄もメンバー）の研究成果の一部も利用させていただいた。
なお、本書に含まれる論考の初出は以下の通りである。
第2章　伊藤（2018a）などをもとに大幅に書き直し。
第3章　多賀（2018）の一部を加筆修正。
コラム3　公益財団法人笹川平和財団「男女平等における男性の役割」事業開発の一環として著者が参加した現地調査に基づいており、多賀（2017）を縮約し加筆修正。
第4章　エイデル研究所『季刊セクシュアリティ』の連載「スウェーデン情報」（76—79、81—83、87、89、91—94、

96）、「スウェーデンの性教育のあゆみ――RFSUと義務教育を中心に」（96号）をもとに、大幅に加筆修正。

コラム5　エイデル研究所『季刊セクシュアリティ』の連載「スウェーデン情報」（93号）をもとに、大幅に加筆修正。

第5章　大東（2019）の一部に新たな論を加えて加筆修正。

コラム6　公益財団法人笹川平和財団「新しい男性の役割に関する提言」事業の一環として著者が参加した現地聞き取り調査に基づく（公益財団法人笹川平和財団 2019：24-28）。

コラム7　公益財団法人笹川平和財団「新しい男性の役割に関する提言」事業の一環として著者が参加した現地聞き取り調査に基づく（公益財団法人笹川平和財団 2019：28-32）。

参考文献

新しい男性の役割に関する研究会編（2020）『男性のシェア、ケア、フェアに向けて～「性のあり方」に関する政策提言』笹川平和財団〈https://www.spf.org/asia-peace/publications/20200331.html〉

石原俊時（2009）「社会民主党の歴史――「国民政党」としての歩み」、村井誠人編『スウェーデンを知るための60章』明石書店、165―170。

伊藤公雄（1984）「〈男らしさ〉の挫折」、作田圭一・富永茂樹編『自尊と懐疑――文芸社会学をめざして』筑摩書房。

伊藤公雄（1993）『〈男らしさ〉のゆくえ』新曜社。

伊藤公雄（1996）『男性学入門』作品社。

伊藤公雄（2003）『「男らしさ」という神話』ＮＨＫ出版。

伊藤公雄（2003=2009）『増補新版「男女共同参画」が問いかけるもの』インパクト出版会。

伊藤公雄（2009）「We, Japanese, gota have Wa?　日本のスポーツ文化と『集団主義』」、日本スポーツ社会学会『スポーツ社会学研究』第17巻2号。

伊藤公雄（2009）『増補新版「男女共同参画」が問いかけるもの――現代日本社会とジェンダー・ポリティクス』インパクト出版会。

伊藤公雄（2011）「男性学・男性性研究からみた戦後日本社会とジェンダー」、辻村みよ子・大沢真理編『ジェンダー社会科学の可能性　3　壁を超える』岩波書店。

伊藤公雄（2014）「家族政策とジェンダー」、伊藤公雄・冨士谷あつ子編『フランスに学ぶ男女共同の子育てと少子化抑止政策』明石書店。

伊藤公雄（2018a）「剝奪（感）の男性化　Masculinization of deprivation をめぐって――産業構造と労働形態の変容の只中で」『日本労働研究雑誌』２０１８年10月号（第６９９号）、63―76。

伊藤公雄（2018b）「変容するGender 概念――社会科学とGendered Innovation（性差研究に基づく技術革新）」、日本学術協力財団『学術の動向』２０１８年12月号。

伊藤公雄（2019a）「男性学・男性性研究＝Men & Masculinities Studies――個人的経験を通じて」『現代思想』青土社、２０１９年2月号。

伊藤公雄（2019b）「日本におけるジェンダー平等を阻むもの」、日本学術協力財団『学術の動向』２０１９年12月号。

伊藤公雄（2020）「男性主導社会の終焉を前に――男性対象のジェンダー平等政策の拡充をめざして」、日本司法書士会連合会『月報司法書士』２０２０年9月号。

石倉文信（2019）『定年不調』集英社。

上野千鶴子・ＮＨＫ取材班（1991）『90年代のアダムとイヴ』日本放送出版協会。

海原純子（2016）『男はなぜこんなに苦しいのか』朝日新聞出版（朝日新書）。

太田美幸（2008）「訳者まえがき」、アンデシュ・ニーマン、ベリエスヴェンソン『性的虐待を受けた少年たち』新評論、１―26。

大東貢生（2016）「女性活躍推進政策の展開と課題」『佛教大学総合研究所紀要』（23）、31―45。

大東貢生（2019）「日本における男性運動と男性対象のジェンダー政策の可能性――メンズリブを中心にして」『佛教大学社会学部論集』第69号、１―16。

大山治彦（2016）「スウェーデンにおける同性間の結婚――わが国における制度設計のために」『日本ジェンダー研究』19号、45―60。

大山治彦（2018）「男性相談とメンズリブ」、濱田智崇・『男』悩みのホットライン編『男性は何をどう悩むのか　男性専用相談窓口からみる心理と支援』ミネルヴァ書房、21―43頁。

大山治彦（2019a）「性指向オンブズマン」『季刊セクシュアリティ』91号、エイデル研究所。

大山治彦（2019b）「ジェンダー研究のためのライブラリー――クヴィンサム」『季刊セクシュアリティ』92号、エイデル研究所。

大山治彦（2020a）「フェミニズムの学校――女性国民高等学校」『季刊セクシュアリティ』94号、エイデル研究所。

大山治彦（2020b）「ＨＢＴＱ認証」『季刊セクシュアリティ』96号、エイデル研究所。

大山治彦（2022）「スウェーデンの性教育のあゆみ――ＲＦＳＵと義務教育を中心に」『季刊セクシュアリティ』96号、エイデル研究所。

大山治彦・大束貢生（1999）「日本の男性運動のあゆみ（１）〈メンズリブ〉の誕生」『日本ジェンダー研究』（２）、43―55。

岡沢憲芙（1991）『スウェーデンの挑戦』岩波書店。

『男』悩みのホットライン編著（2006）『男の電話相談――男が語る・男が聴く』かもがわ出版。

男の子育てを考える会編（1978）『現代の子育て考――そのⅣ』現代書館。

公益財団法人笹川平和財団（2019）『新しい男性の役割に関する調査報告書――男女共同参画（ジェンダー平等）社会に向けて』〈https://www.spf.org/asia-peace/publications/20190726.html〉

小崎恭弘・増井秀樹（2015）「子育てにおける父親支援の移り変わりとその意義――少子化社会におけるプランの変遷」大阪教育大学家政学研究会『生活文化研究』52号、1―11。

三瓶恵子（2017）『女も男も生きやすい国、スウェーデン』岩波書店。

白石淑江（2009）『スウェーデン　保育から幼児教育へ』かもがわ出版。

多賀太（2006）『男らしさの社会学――揺らぐ男のライフコース』世界思想社。

多賀太（2016）『男子問題の時代？――錯綜するジェンダーと教育のポリティクス』学文社。

多賀太（2017）「ドイツにおける父親支援活動――ベルリン父親センターの取り組みから」『関西大学人権問題研究室室報』第59号、4―6。

多賀太（2018）「国際社会における男性ジェンダー政策の展開：「ケアする男性性」と「参画する男性」」『関西大学人権問題研究室紀要』第76号、57―83。

多賀太（2019）「男性に「今日はお休みですか？」」『大阪日日新聞』２０１９年11月12日。

多賀太・伊藤公雄・安藤哲也（2015）『男性の非暴力宣言――ホワイトリボン・キャンペーン』岩波書店。

高野陽太郎（2008）『「集団主義」という錯覚――日本人論の思い違いとその由来』新曜社。

高橋美恵子編（2021）『ワーク・ファミリー・バランス　これからの家族と共働き社会を考える』慶應義塾大学出版会。

高端正幸・伊集守直・佐藤滋（2011）「保育サービスを中心とする子育て支援政策の国際比較業財政論」全労災協会・公募研究シリーズ（20）。

田中栄嗣（2017）「諸外国における女性活躍推進について～イギリス、ドイツ、スウェーデンの事例」、損保創建レポート、第１１８号。

津止正敏（2013）『ケアメンを生きる――男性介護者１００万人へのエール』クリエイツかもがわ。

戸野塚厚子（2014）『スウェーデンの義務教育における「共生」のカリキュラム』明石書店。

内閣府男女共同参画局（2014a）『男女共同参画白書　平成26年版』。

内閣府男女共同参画局（2014b）『地方自治体等における男性に対する相談整備マニュアル（改訂版）』。

内閣府男女共同参画局（2014c）『地方自治体等における男性に対する相談整備マニュアル（別冊）』。

内閣府男女共同参画局（2016）「男女共同参画基本計画」〈https://www.gender.go.jp/about_danjo/basic_plans/index.html〉

日本オンブズマン学会編（2015）『日本と世界のオンブズマン』第一法規。

濱田智崇・『男』悩みのホットライン編（2018）『男性は何をどう悩むのか　男性専用相談窓口からみる心理と支援』ミネルヴァ書房。

溝口明代・佐伯洋子・三木草子編（1995）『資料　日本ウーマン・リブ史Ⅲ』松香堂。

みっつん（2019）『ふたりぱぱ』現代書館。

宮地尚子（2013）『トラウマ』岩波書店（岩波新書）。

村井誠人編（2009）『スウェーデンを知るための60章』明石書店。

メンズセンター編（1996）『「男らしさ」から「自分らしさ」へ』かもがわ出版。

メンズセンター編（1997）『男たちの「私」さがし――ジェンダーとしての男に気づく』かもがわ出版。

矢野恵美（2005）「ＤＶ対策の比較法研究９　スウェーデン――男女共同参画とＤＶ対策――」、『みんけん：民事研修』法務省法務総合研究所（657）37―50。

ヤンソン由美子（1987）『男が変わる』有斐閣。

吉岡俊介（2015）『産業カウンセラーが教える「つぶれない働き方」の教科書』彩図社。

善積京子（1989）「スウェーデンの男たち――変わる男の役割」日本女性学研究会『女性学年報』第10号、60―66。

善積京子編（2004）『スウェーデンの家族とパートナー関係』青木書店。

善積京子（2013）『離別と共同養育』世界思想社。

レグランド塚口淑子（2006）『新版　女たちのスウェーデン』ノルディック出版。

レグランド塚口淑子編（2012）『「スウェーデン・モデル」は有効か』ノルディック出版。

労働政策研究・研修機構（2014）『データブック国際労働比較（２０１４年版）』労働政策研究・研修機構。

Butler, J. (1990) *Gender Trouble: Feminism and the Subversion of Identity*, Routledge.（Ｊ・バトラー『ジェンダ

ートラブル』竹村和子訳、青土社、２０００年。）
Collins, H. and S. Bilge (2016) *Intersectionality*, Polity Press.
Commission of the European Communities (2006) *A Roadmap for equality between women and men 2006–2010*, http://aei.pitt.edu/45627/.
Duriesmith, D. (2017) "Engaging Men and Boys in the Women, Peace and Security Agenda: Beyond the 'Good Men' Industry," LSE WPS Working Paper Series, 11/2017 〈http://blogs.lse.ac.uk/wps/working-paper-series/〉.
Elliott, K. (2016) "Caring Masculinities: Theorizing an Emerging Concept," *Men and Masculinities*, Vol. 19(3), pp. 240–259.
European Commission (2010) *Strategy for equality between women and men 2010–2015*, http://aei.pitt.edu/45631/.
Gärtner, M., J. Gieseke and S. Beier (2006) *FOCUS: Fostering Caring Masculinities: German National Report*, Dissens Research.
Gärtner, M., K. Schwerma and S. Beier (2007) *FOCUS: Fostering Caring Masculinities: Documentation of the German Gender Expert Study*, Dissens Research.
hooks, b. (1981) Ain't I a Woman: Black Women and Feminism, South End Press. (『アメリカ黒人女性とフェミニズム――ベル・フックスの「私は女ではないの？」』大類久恵・柳沢圭子訳、明石書店、２０１０年。）
Illich, I. (1982) *Gender*, Marion Boyars Publishers. （I・イリイチ『ジェンダー』玉野井芳郎訳、岩波書店、１９８４年。）
Jarmert, L. (2003) "The role of Men and Boys in Achieving Gender Equality"-Some Swedish and Scandinavian

Experiences. United Nations.

Kaufman, M. (2012) "The Day the White Ribbon Campaign Changed the Game: A New Direction in Working to Engage Men and Boys," Greig, Christopher J. and Martino, Wayne J. (eds.), *Canadian Men and Masculinities: Historical and Contemporary Perspectives*, Canadian Scholars' Press.

Kimmel, M. S. (2010) *Misframing Men: The Politics of Contemporary Masculinities*, New Brunswick, Canada: Rutgers University Press.

Laquar, T. (1990=1998) *Making Sex: Body and Gender from the Greeks to Freid*, Harvard UP. (T・ラカー『セックスの発明――性差の観念史と解剖学のアポリア』高井宏子・細谷等訳、工作社、１９９８年。)

Ma, K. et al. (2018) *Hegemonic Masculinity and Changing Lives of Men*, KWDI.

Ma, K. et al. (2019) *Study on Gender Inequality and Men's Quality of Life*, KWDI.

Messner, M. A. (1997) *Politics of Masculinities: Men in Movements*, Thousand Oaks, MA: Sage.

Nordberg, Anna (2009) Samkönad tvåsamhet: Vardagsliv och heteronormativa praktiker, Umeå universitet.

Nyman, A., B. Svensson (1995, 2002) *pojkmottagningen: Sexuella överepp och behandling*, Rädda Barenen. (『性的虐待を受けた少年たち』太田美幸訳、新評論、２００８年。)

Russett, C. E. (1991) *Sexual science : the Victorian construction of womanhood*, Harvard University Press. (シンシア・E・ラセット『女性を捏造した男たち』上野直子訳、工作社、１９９４年。)

Scambor, E., K. Wojnicka and N. Bergmann (eds.) (2013) *The Role of Men in Gender Equality — European strategies & insights*, European Commission-Directorate — General for Justice.

Scott, J. W. (1988) *Gender and the Politics of History*, Columbia University Press. (ジョーン・W・スコット『ジェンダーと歴史学』荻野美穂訳、平凡社、２００４年。)

Smith, C. S. (1988) *Why Women Shouldn't Marry: Being Single by Choice*, Bamicade Books.（S・スミス『女は結婚すべきではない——選択の時代の新シングル感覚』あわやのぶこ訳、中央公論社、１９９５年。）

SOU (2014) *Män och jämställdhet.* Stockholm: Fritzes Offentliga Publikationer.

Toffler, A., (1980) *The Third Wave-The Classical Study of Tomorrow*, Bantam Books.（A・トフラー『第三の波』徳岡隆夫監訳、中央公論社、１９８２年。）

索　　引

〈ア　行〉

〈カ　行〉

〈ナ　行〉

〈ハ　行〉

〈マ　行〉

〈ヤ　行〉

〈ラ　行〉

〈ワ　行〉

「女性スポーツ推進委員の活動と課題――「ささえる」スポーツにみるスポーツ政策とジェンダー」『日本ジェンダー研究』23号（2020年）
「日本における男性対象のジェンダー政策の可能性（1）――男性対象の取り組みにもとづいて」『佛教大学社会学部論集』71号（2020年）
「地方自治体における男女共同参画計画策定をめぐって」『佛教大学社会学部論集』73号（2021年）

大山治彦（おおやま　はるひこ）[第4章，コラム5]
四国学院大学社会福祉学部教授，メンズセンター運営委員長
専門は，ジェンダー論，家族社会学．1980年代の後半より，関東でジェンダー平等を目指す男性たちの運動に関わる．その後，関西に移り，メンズリブ研究会やメンズセンターの呼びかけ人となる．また，研究者として，男性性やSOGIに関する研究を行う．近年は，研究年期（ヨーテボリ大学ジェンダー研究センター客員研究者）をきっかけに，スウェーデン研究にも携わる．
主要業績
「日本の男性運動のあゆみⅠ――〈メンズリブ〉の誕生」日本ジェンダー学会編『日本ジェンダー研究』第2号（共著，1999年）
『社会学ベーシックス5　近代家族とジェンダー』（共著，世界思想社，2010年）
『近代家族のゆらぎと新しい家族のかたち』（共著，八千代出版，初版，2012年，第2版，2016年）
「スウェーデンにおける同性間の結婚――わが国における制度設計のために」日本ジェンダー学会編『日本ジェンダー研究』第19号（2016年）

中澤智惠（なかざわ　ちえ）[コラム4]
スウェーデン・Korrespondensgymnasiet高校教員（社会学・教育学担当）．
東京学芸大学教育学部教員を経て渡瑞．現勤務校は，スウェーデンの普通高校で唯一の完全ディスタンス・オンライン教育校（2022年現在）．専門は，教育社会学（ジェンダーと教育），社会教育．
主要業績
『「若者の性」白書　第8回青少年の性行動全国調査報告書』財団法人日本性教育協会編（分担執筆，2019年）
「スウェーデンの高校生の性行動と性意識」『JASE現代性教育研究ジャーナル』（No. 50, 2015年）
『学校教育の中のジェンダー』（共著，日本評論社，2009年）
『ジェンダーで学ぶ教育』（共著，世界思想社，2003年）

《執筆者紹介》

伊藤公雄（いとう　きみお）［第1・2・6章，コラム1・2，あとがき］
京都産業大学現代社会学部客員教授，京都大学・大阪大学名誉教授
1970年代末，男性性を対象とした研究を仕事の一つとして開始．1991年呼び掛け人の一人としてメンズリブ研究会結成．政府や地方自治体，大学等でジェンダー平等政策に長く関わっている．現在，男性の女性に対する暴力を男性の立場からストップするための運動に取り組む．一般社団法人ホワイトリボンキャンペーン・ジャパン共同代表．
主要業績
『〈男らしさ〉のゆくえ』（新曜社，1993年）
『男性学入門』（作品社，1996年）
『女性学・男性学』（共著，有斐閣，初版2002年，改訂第3版，2019年）
International Encyclopedia of Men & Masculinities（編集委員，Routledge, 2007年）
『新編　日本のフェミニズム』全12巻（共編著，岩波書店，2008-11年）

多賀　太（たが　ふとし）［はしがき，第3・5・6章，コラム3・6・7］
関西大学文学部教授
専門は，教育社会学，家族社会学．これまでに青年期問題，学校教育，育児と家庭教育，仕事と家庭の調和などの様々な観点からジェンダー問題を研究．1990年代半ばから九州や関西の市民団体で男性問題に取り組む活動に参加し，政府や自治体の委員等を歴任．女性に対する暴力防止啓発に男性主体で取り組む一般社団法人ホワイトリボンキャンペーン・ジャパン共同代表，NPO 法人デート DV 防止全国ネットワーク理事．
主要業績
『男性のジェンダー形成』（東洋館出版社，2001年）
『ジェンダー学の最前線』（R. コンネル著，監訳，世界思想社，2008年）
『揺らぐサラリーマン生活』（編著，ミネルヴァ書房，2011年）
『男子問題の時代？』（学文社，2016年）
『ジェンダーで読み解く男性の働き方・暮らし方』（時事通信社，2022年）

大束貢生（おおつか　たかお）［第5章］
佛教大学社会学部准教授
1990年代より男性運動（メンズリブ）の活動を行い，大阪市で開催された第7回男のフェスティバル等の運営を行ってきた．また，京阪神の複数の地方自治体の男女共同参画推進審議会等の委員として提言を行う関係から，男女共同参画政策，特に男性や LGBT 対象の政策における効果的な事業の在り方について様々な調査研究から検討を行っている．
主要業績
「日本における男性運動と男性対象のジェンダー政策の可能性――メンズリブを中心にして」『佛教大学社会学部論集』69号（2019年）

男性危機《メンズクライシス》？
——国際社会の男性政策に学ぶ——

2022年11月30日　初版第1刷発行　＊定価はカバーに表示してあります

著者　伊藤公雄
多賀太
大東貢生
大山治彦 ©

発行者　萩原淳平
印刷者　田中雅博

発行所　株式会社　晃洋書房
〒615-0026　京都市右京区西院北矢掛町7番地
電話　075（312）0788番㈹
振替口座　01040-6-32280

装丁　HON DESIGN（小守いつみ）　印刷・製本　創栄図書印刷㈱

ISBN978-4-7710-3576-8